Maria Rashiany Dieste

Der Ruf deiner Seele

Wie du ihn vernimmst und dein Leben danach ausrichtest

Widmung

Dieses Buch ist all jenen gewidmet, die den Ruf ihrer Seele hören und mutig genug sind, ihm zu folgen. Damit die Welt ein wenig heller, freundlicher und liebevoller wird und wir Menschen uns MITEINANDER FÜREINANDER einsetzen.

Aus tiefstem Herzen

Maria Roshan Dieste

Inhalt

Einleitung

Ich freue mich, dich in deine Innenwelt mitzunehmen und dir deine Seele vorzustellen. Du bist richtig hier, wenn du ahnst, dass noch viel mehr in dir steckt, als du bisher lebst, und du für etwas Größeres geboren wurdest. Vielleicht ist da eine tiefe Sehnsucht in dir, die Welt zu verbessern.

Das Buch ist für dich, wenn du in deinem Leben alles erreicht hast, was du wolltest, doch es dich nicht wirklich erfüllt. Wenn du weißt: Da geht noch mehr. Wenn du spürst, dass dir die Freude und Leichtigkeit abhandengekommen sind.

Du stellst dir Fragen wie: War das schon alles? Wer bin ich wirklich? Wofür bin ich auf der Welt? Welchen Beitrag kann ich leisten, um die Welt heller, freundlicher und menschenwürdiger zu gestalten.?

In diesem Buch erfährst du, wie du deine Seelenschätze erwecken, deine Fähigkeiten erweitern und in deine größte Excellenz wachsen kannst. Ich nehme dich mit auf den Weg, den ich selbst gegangen bin.[1] In diesem Buch erfährst du, wie du deine Seele findest und dich von ihr als höchste Quelle des Universums führen lässt.

---

1 Vorweg ein Hinweis: Ich verwende in diesem Buch den allgemeinen Ausdruck „Leser", denn es soll sowohl Männer als auch Frauen ansprechen. Damit keine Verwirrung entsteht, mache ich es uns leicht. Liebe Leserin, bitte fühle dich nicht ausgegrenzt. Mir ist bewusst, dass du dich als Frau vielleicht übergangen fühlst. Das ist in keiner Weise meine Absicht, es soll lediglich dem besseren Lesefluss dienen. Auch möchte ich das einfache Du nutzen, damit ich jeden in der Tiefe erreiche.

Alle Ebenen und Lebensbereiche sehnen sich danach, dass du dir der Kraft deiner Seele bewusstwirst, damit du deine wahre Größe lebst. Sei gespannt, was sich an Neuem auftun wird. Mein Leben hat sich dadurch gravierend verändert, in Richtung Sinnhaftigkeit, Freude, Leichtigkeit und tiefe Erfüllung.

Wenn du deine Seele durch dich wirken lässt, verändern sich alle Bereiche. Stell dir vor, du bist Unternehmerin, ziehst wie magisch deine Kunden an und erlebst in sprühender Leichtigkeit mehr Erfolg. Wie wäre es, wenn du als Führungskraft ein charismatischer Leader bist, dem die Menschen gern folgen und sich dabei viel wohler fühlen, weil sie es genießen, in deiner Energie zu sein? Wie wäre es, wenn du in deiner Partnerschaft mehr Liebe und Glück, Zweisamkeit und Einvernehmen erfährst? Wäre es nicht schön, wenn sich in deiner Familie im Umgang miteinander mehr Frieden und Liebe einstellt? Kannst du wahrnehmen, wie es ist, wenn deine Finanzen sich entspannen und du dich sicher fühlst, weil du mit allem reichlich versorgt bist? Kannst du dir vorstellen, wie sich dein Umfeld auf magische Weise verändert und du neue Menschen anziehst, die dich gern mögen und unterstützen, weil du innerlich etwas verändert hast? Stell dir vor, dass diejenigen, die dir bisher Energie geraubt und dich heruntergezogen haben, plötzlich fernbleiben. Wie verändert sich dein Leben, wenn du immer mehr deine Wahrheit lebst, dabei die Meinungen der anderen tolerierst und deine eigene Sichtweise vertrittst?

Deine Seele ist groß – viel größer, als du es dir jetzt vorstellen kannst. Wenn du in diese Größe hineinwachsen willst, dann lies jetzt weiter. Du wirst in jedem Kapitel Übungen finden, damit deine Seele immer mehr Raum in deinem Leben erhält. Das wird dir großartige Ergebnisse bringen, das kann ich dir versprechen. Ich freue mich sehr, wenn ich dich durch dieses Buch inspiriere, den Weg deiner Seele zu gehen, damit du dein größtes Potenzial erkennst und entfaltest.

1) Meine persönliche Geschichte

Eines Morgens in einem strengen Winter mit viel Schnee fuhr ich zu meiner Arbeitsstelle. Mit einem Mal wurde mir so schwindelig, dass ich gerade noch an den Straßenrand fahren konnte. Ein Arbeitskollege, der glücklicherweise hinter mir fuhr, hielt an und sah, dass ich ohnmächtig geworden war. Er rief sofort den Rettungswagen.

Im Krankenhaus entdeckten sie meine Schwangerschaft. Nicht nur das: Mir wurde gesagt, dass ich Zwillinge erwarten würde. Mir kamen die Tränen vor Glück. Doch es war erstmal ein Schock, auch für meinen Mann. Ich konnte mein Glück nicht lange genießen, denn ich wurde schon wieder ohnmächtig. Ein Assistenzarzt konnte sich das nicht erklären und hatte die rettende Eingebung. Er vermutete eine zusätzliche Eileiter-Schwangerschaft, die nach einer schnellen Untersuchung bestätigt wurde. Ich sollte sofort operiert werden. Während ich im OP-Saal lag, verließ meine Essenz meinen Körper. Mich durchflutete gleißendes, helles, Licht. Darin fühlte ich mich unendlich sicher und in Liebe eingehüllt. Ich konnte durch alle Wände blicken und schaute von oben auf meinen Körper herunter. Viele Menschen machten sich an ihm zu schaffen. Ich konnte das nicht verstehen. Ich war doch oben im Licht. Ich schwebte weiter und weiter, dem Licht und der Liebe entgegen. Es fühlte sich unendlich schön, liebevoll und sicher an. Doch plötzlich hörte ich eine Stimme zu mir sagen: „Du kannst jetzt weitergehen ins Licht. Doch du hast auch die Möglichkeit zurückzugehen. Denn du hast noch eine Aufgabe zu erfüllen."

In dem Moment wurde ich wiederbelebt. Ich spürte meinen Körper wieder auf der Liege. Alles tat mir weh und ich versank in den Armen der Narkose.

Am nächsten Tag erzählte mir der Arzt, dass ich für einige Minuten klinisch tot gewesen sei. Ein Eileiter war geplatzt. Ich sei noch nicht über den Berg und die Zwillinge in meinem Bauch auch nicht. Die nächsten 24 Stunden wären entscheidend.

Doch wir haben alle überlebt. Heute habe ich drei erwachsene Söhne, die mich sehr stolz machen. Nach den Zwillingen durfte ich noch einem 3. Sohn das Leben schenken. Mittlerweile habe ich auch schon drei Enkelkinder.

Nach meiner Nahtod-Erfahrung war ich zunächst mit der Erziehung meiner Zwillinge ausgelastet. Min dritter Sohn kam 3 Jahre später zur Welt. Alles drehte sich um die Kinder, den Haushalt und alles, was dazugehört. Es blieb kaum Zeit für mich und meine Bedürfnisse. Ich funktionierte und wurde zunehmend depressiver. Ich fühlte mich überflüssig, alles war mir viel zu schwer. Obwohl ich alles hatte und hätte glücklich sein können, mit meinem Mann, den Kindern, einem Haus mit großem Grundstück – fühlte ich mich hohl und leer. Eigentlich war es die tiefe Sehnsucht nach der Liebe und dem Licht, das ich ja bereits kennengelernt hatte. Ich wollte wieder sterben. Alle in meinem Umfeld redeten mir zu. Machten mir Mut. Ich solle mir etwas suchen, was Freude mache. Doch ich wusste nicht mehr, was das sein könnte.

Da kam Yoga in meine Welt.

Ich las in einer Zeitungsanzeige über ein Yoga-Wochenende, das ganz in meiner Nähe stattfand. Es ließ mich aufhorchen. Etwas in mir begann zu klingen. Ich ergatterte den letzten Platz und tauchte in eine Welt ein, die etwas Entscheidendes mit mir machte: Ich erinnerte mich!

Die Philosophie, von der die Yogalehrerin erzählte, weckte mich auf. Solange schon war ich auf der Suche nach Gott. Meine Oma hatte mich als Kind täglich mit zum Frühgebet in die Kirche mitgenommen. Ich konnte nie verstehen, wo Gott denn nun sei. In der Yoga-Philosophie erfuhr ich nun, dass alles göttlich ist. Ich fühlte die Wahrheit darin. Nach dem Yoga-Wochenende fuhr ich begeistert nach Hause und meldete mich zum anschließenden Yoga-Kurs an. Dort stellte ich viele Fragen. Schließlich schlug mir die Trainerin vor, doch selbst eine Yogalehrer-Ausbildung zu machen, der hiesige Kneipp-Verein würde das auch unterstützen.

Gesagt, getan! Ich meldete mich für den nächsten Ausbildungsbeginn im Herbst desselben Jahres an. Bis dahin übte ich täglich Yoga und war glücklich darüber, wie ich so beweglich und biegsam war und wie leicht mir die Yoga-Übungen fielen. Doch es dauerte nicht lange und ich machte einen gravierenden Fehler. Dabei handelte ich mir einen heftigen Bandscheibenvorfall ein – doch das wusste ich zu dem Zeitpunkt noch nicht. Mein Arzt verschrieb mir Bettruhe. Mehr als 6 Wochen lag ich nun in Stufenlage. Meine kleinen Kinder krabbelten um mich herum. Ich konnte mich nicht bewegen, nur liegen und ihnen zuschauen, wie sie spielten.

Der Traum von meiner Yogalehrer-Ausbildung schien zu platzen. Mein Hausarzt gab mir zwar Spritzen und Tabletten, doch nichts half. Bis ich eines Morgens die Nase voll hatte. Es musste etwas passieren. Ich hatte keine Geduld mehr. Also ließ ich mich zum Arzt fahren und schilderte ihm voller Wut meine Situation. Endlich überwies er mich in eine chirurgische Klinik, um die Ursache der Schmerzen abklären zu lassen.

Die Diagnose „Bandscheibenvorfall" überraschte mich nicht. Endlich tat sich eine Tür auf. Eine Operation sollte die Lösung sein. Doch der Chirurg lachte mich aus. Er wollte mich nicht operieren. Ich sei viel zu jung. Mein Problem seien die fehlenden Muskeln. Ich sollte viel

Sport machen und meine Muskeln trainieren. Dann löse sich das Problem von allein. Er empfahl mir zunächst Schmerzmittel und Physiotherapie. Da brach eine Welt in mir zusammen. Niemand wollte mir helfen.

3 Tage lang fiel ich in Lethargie und Trauer. Doch dann gewann meine Willenskraft wieder die Oberhand. Wenn mir kein anderer hilft, dann muss ich mir selbst helfen! Damit schluckte ich die Schmerzmittel, biss die Zähne zusammen, suchte mir einen Physiotherapeuten – und hatte Glück. Denn dieser wunderbare Mensch verfolgte einen alternativen Ansatz. Es gelang ihm, mich mit seinem Humor und seinen kreativen Ideen aufzubauen. Ich kaufte mir ein Trampolin – das mir half, durch die schwingenden Bewegungen, die Muskeln zu lockern, die Wirbelsäule aufzurichten sowie die Tiefenmuskulatur zu kräftigen. Ich lernte passende Gymnastik-Übungen und machte sie so fleißig, dass ich sechs Wochen später mit der Yogalehrer-Ausbildung beginnen konnte.

Es war jedoch eine Herausforderung, denn viele der Asanas, so nennt man die Yoga-Übungen, konnte ich aufgrund des Bandscheibenvorfalls nicht mitmachen. Ich musste für mich Alternativen finden. Doch es machte mir viel Spaß zu recherchieren, mich mit Bewegung und Anatomie zu beschäftigen und Zusammenhänge zu begreifen.

Nach dem 2. Ausbildungs-Seminar fiel meine Gymnastik-Lehrerin beim Kneipp-Verein, bei der ich weiterhin fleißig Gymnastik-Kurse belegte, um meine Muskeln aufzubauen, aus. Daher wurde ich gebeten, sie zu vertreten. Für mich eine riesige Herausforderung, da ich Yoga und Gymnastik bisher nur für mich machen wollte und niemals daran gedacht hatte, vor einer Gruppe zu stehen.

Um die Gruppen nicht im Stich zu lassen, ließ ich mich dennoch überreden. Ich kann mich noch genau an meine Angst, an die Schweißperlen und mein Herzrasen erinnern, als ich das erste Mal vor der Gruppe stand. Unerwarteterweise lief es richtig gut. Die Teilnehmer waren zunächst einfach glücklich, dass die Stunden weiterliefen. Sie unterstützten mich, lobten meine Stimme und Art, die Übungen anzuleiten. Ich bekam überall positive Rückmeldungen. Mit der Zeit machte es mir richtig Spaß, die Kurse zu leiten.

Als die Gymnastik-Lehrerin zurückkam, blieben viele Teilnehmer in meinen Kursen. Das war der Anfang einer langen Yoga-Karriere. Durch meine eigenen körperlichen Symptome, wie Bandscheibenvorfall, Schulter-Nacken- und Hüftprobleme, suchte ich weiterhin nach alternativen Lösungsansätzen. Ich lernte Anatomie und alles, was es im Bewegungsbereich gab. Ich ließ keine Möglichkeit aus, zu lernen, wie der Körper funktioniert. Angefangen bei Gymnastik, Callanetics, Pilates, Sport- und Ausdauertraining, Sport für Ältere. Auf diese Weise konnte ich im Yoga immer alternative Übungen anleiten, wenn die Teilnehmer die klassischen Asanas ebenfalls nicht ausführen konnten. Sie waren nicht nur überglücklich, manches Beschwerdebild löste sich sogar in Wohlgefallen auf, wenn ich ihnen Alltags-Übungen als Hausaufgabe mitgab.

Später wurde ich als Referentin für die Yogalehrer-Ausbildung beim Kneipp-Bund angefragt. Ich durfte dort „Yoga rund um die Wirbelsäule" unterrichten. Auch das kam sehr gut bei den Auszubildenden an. Diese Tätigkeit führte ich 6 Jahre lang aus. Danach konzipierte ich meine eigene Heil-Yoga Ausbildung und vermittelte den Yogalehrenden, wie sie mit den Beschwerden ihrer Teilnehmer umgehen könnten. Dies Ausbildung lief richtig gut. Ich baute meine eigene Marke damit auf. Dadurch veränderte sich die Yoga-Szene zunehmend, denn mit der Zeit war das Heil-Yoga überall in den Ausbildungsstätten zu finden. Viele Yogalehrer erkannten nun, wie sie Yoga an die Bedürfnisse der westlichen Menschen anpassen konnten. Ich spürte den Wind der Veränderung. Etwas Neues wollte durch mich in die Welt gebracht werden. Meine Seele half mir.

Im Urlaub auf einem Berg in Österreich hörte ich ihre Stimme: „Bring die Heilkraft der Seele in die Welt“. Bis heute fühle ich, dass das Bewusstsein für die Seele, die göttliche Energie, in der Leistungsgesellschaft verloren gegangen ist. Deswegen hältst du dieses Buch in den Händen. Ich bin mir sicher, dass dich die Sehnsucht nach mehr Tiefe zu diesem Buch geführt hat.

Tiefe Erkenntnisse, die ich gern teilen möchte:

Bereits als Kind wurden meine Bedürfnisse ignoriert. Meine kleine Kinderseele drückte das durch diverse Krankheiten aus. Doch die Symptome wurden ignoriert und unterdrückt. Ich hatte eine andere Wahrnehmung als meine Familie und mein Umfeld, was nicht ernst genommen wurde. Ich hatte zu funktionieren und musste mich anpassen, um Strafe zu vermeiden. Das hat mich unendlich stark gemacht.

Gemäß meines Seelenplans, von dem ich dir im Lauf des Buches noch erzählen werde, war es für mich zunächst sehr schwer, meinen Platz zu finden. Ich musste die Bedürfnisse der anderen erfüllen und lernte so, wie die Welt hier funktioniert. Heute weiß ich, dass die Nahtod-Erfahrung mein Schlüssel war, um zu erfahren, wer ich wirklich bin, was meine eigenen Bedürfnisse sind und wie ich sie mir erfüllen kann. Sie hat mich zu meiner Seele geführt. Heute kenne ich meinen Seelenplan, habe meine Seelenfähigkeiten entfaltet und weiß, was meine Seelenaufgabe ist.

Alles, was ich bisher erlebt hatte, ließ mich erkennen, dass viel mehr in mir steckte, als ich bisher lebte. Ich fühlte schon lange eine Sehnsucht, die Welt zu verbessern. Ich konnte einfach nicht verstehen, warum meine Familie und mein Umfeld so sehr darauf bedacht waren, zu tun, was die Gesellschaft von ihnen verlangte. Sie funktionierten einfach und das Leben zog, angefüllt mit Regeln, Pflichten und Arbeit, an ihnen vorbei. Sie durchlitten Krankheiten und gaben sich an die Ärzte und Schulmedizin ab, ohne zu hinterfragen. Sie leben ein fremdbestimmtes Leben, weil sie nur die Außenwelt für wahrhalten. Ich konnte das bereits damals erkennen: Hier stimmte etwas nicht!

Mir ist es ein Herzensanliegen, die Menschen an ihre tiefere Wahrheit zu erinnern und das Bewusstsein für die Seele zu schärfen. In diesem Buch zeige ich dir eine Methode, wie du deine Seelenkräfte vollständig erwecken kannst. Du wirst ein Gleichgewicht zwischen der äußeren Welt, in der du als Persönlichkeit lebst, und deiner Innenwelt, die von der universellen Energie deiner Seele durchdrungen ist, erschaffen. Du lernst die Zusammenhänge zwischen Seele, Energie, emotionaler Intelligenz, Mindset und Körperweisheit kennen.

Bisher vertraust du dem, was du gelernt hast, wie die Regeln der Gesellschaft sind und wie du funktionieren musst. Du folgst deinem Verstand. Doch der ist begrenzt, denn er kennt ja nur das, was du bisher erfahren hast und wie du geprägt wurdest.

Du wirst eine neue Sichtweise auf dich, dein Leben im Außen und deine Seele bekommen. Wenn du lernst, die Ursprungskraft der Seele in dir zu aktivieren, und ihrer weisen Führung vertraust, wirst du aus ihrer wahren Kraft Wissen, Weisheit, Liebe und tiefe Erfüllung erfahren. Du wirst geführt, das zu tun, was deinen Seelenfähigkeiten entspricht. Das wird sich freudvoll und leicht anfühlen. Deine Seele wird dich unmissverständlich dahin führen, deine Seelenaufgabe zu erkennen und zu erfüllen. Nichts ist erfüllender als aus der Führung deiner Seele zu leben. Damit wirst du ein exzellenter Leader und leistest deinen Beitrag, damit eine neue Welt entsteht, die der Liebe und Wahrheit entspricht.

Ich weiß, dass ich Seele bin und sie sich durch meinen Körper ausdrückt. Ich habe in der Nahtod-Erfahrung erlebt, dass die Energie, die sich aus meinem Körper herausbewegte, meine Seele ist. Sie ist meine Lebensenergie, die meinen Körper belebt und ihn harmonisch funktionieren lässt. Ohne diese Energie ist der Körper eine leere

Hülle. Wenn ich sterbe, dann verlässt meine Seele den Körper und geht wieder in die universelle Energie zurück. Mein Körper wird wieder zu Materie. Beide, Seele und Körper, gehen nach dem Tod wieder zu ihrem Ursprungsort zurück.

Der Planet Erde ist ein Ort, an dem Seelen in Körper inkarnieren, damit sie sich erfahren können. Im übrigen Universum ist das nicht möglich, da dort alles Energie und alles EINS ist. Jede Seele hat einen Plan mitgebracht. In diesem SEELENPLAN ist verankert, was die Seele lernen möchte, welche Fähigkeiten sie dafür mitbringt, was ihre Seelenaufgabe und Ziele sind. Hier erkennst du, was deine Seele durch dich bewirken will.

Alles, was lebt, ist aus Energie entstanden. Es ist die eine Ur-Kraft – eine höhere Kraft, die ich Gott nenne. Für mich ist es ein Begriff für die Kraft im Universum, die alles durchdringt. Fühle dich frei, dein eigenes Wort dafür zu finden: höheres Selbst, Buddha-Natur, Gott, Seele … Für mich sind das alles Ausdrücke für die eine universelle, höchste Kraft. Im Buch werde ich das Wort Gott und göttlich dafür verwenden.

In diesem Buch wirst du diese Grundlagen verstehen lernen und erfahren, wie du sie für dich verwenden kannst.

2) Die Kraft deiner Seele

In einer kleinen Stadt, eingebettet zwischen sanften Hügeln und einem glitzernden Fluss, lebte eine weise alte Frau namens Amara. Sie war bekannt für ihre tiefe Verbindung zur Natur und ihr Wissen über die Seele.

Eines Tages klopfte ein junger Mann namens Jovan an ihre Tür. Seine Augen spiegelten Verwirrung und Sehnsucht wider. „Ich suche nach meiner Seele. Kannst du mir helfen, sie zu finden?", fragte er Amara.

Amara lächelte sanft und lud Jovan ein, mit ihr in den Garten zu gehen, wo Blumen blühten und der Duft von frischer Erde in der Luft lag. „Die Seele ist wie ein unsichtbarer Faden, der uns mit der Essenz des Lebens verbindet", begann sie. „Sie ist die Quelle unserer Tiefe, unserer Emotionen und unserer Lebenskraft."

„Um deine Seele zu finden, musst du zuerst in dich selbst eintauchen", fuhr Amara fort. „Stille deinen Geist und lausche den leisen Tönen deiner inneren Stimme. Finde Momente der Ruhe und Reflexion, um die Schönheit deiner eigenen Existenz zu erforschen.

Die Seele offenbart sich in den Dingen, die dein Herz zum Singen bringen – in den Augenblicken der Freude, der Dankbarkeit und der Verbundenheit. Sie kann auch in Momenten der Herausforderung erscheinen, wenn du deine Stärke und Entschlossenheit entdeckst, um weiterzumachen.

Verbinde dich mit der Natur, beobachte den Tanz der Blätter im Wind und spüre die Erde unter deinen Füßen. Die Natur spricht zur Seele und kann helfen, ihre Stimme in dir zu erwecken.

Denke daran, dass die Suche nach der Seele eine Reise ist, kein schnelles Auffinden. Sie liegt nicht in der Ferne, sondern in deinem eigenen Wesen. Wenn du beginnst, dich selbst zu verstehen, und deine Handlungen mit Liebe und Achtsamkeit lenkst, wirst du die Seele in all ihrer Schönheit entdecken."

Jovan nickte, als ob ein Licht in ihm aufgegangen wäre. Er bedankte sich bei Amara und machte sich auf den Weg, um die Reise zu seiner Seele anzutreten.

Vom Verstand zur Seele

Hast du schon einmal das pure Leben in dir gefühlt? Kannst du das Zirkulieren des Blutes in deinen Adern und den Herzschlag wahrnehmen? Spürst du deinen Atem ganz bewusst? Weißt du, dass du über den Atem mit der universellen Energie deiner Seele verbunden bist, die deinen Körper belebt und in dir und durch dich wirkt? Es ist der göttliche Kern in dir. Du bist ein Teil des Göttlichen und damit untrennbar verbunden. Du bist mit deiner Seele eins mit allem.

Fühle, wie du in diesem Moment ein- und ausatmest. Fühle die Energie deiner Seele bewusst. Sie ist mit dem göttlichen, universellen Feld verbunden.

Die Energie deiner Seele ist unermesslich kraftvoll und intelligent. Sie trägt die höchste Weisheit und das Wissen des Universums in sich und ist daran angeschlossen. Es ist ein Feld unerschöpflicher Möglichkeiten, aus dem die Seele kommt und auf das sie Zugriff hat. Viele nennen das Feld „Akasha“. Mittlerweile haben hochschwingende Menschen, die sich wieder an ihren Ursprung erinnern, entdeckt, dass man in dem Feld jegliche Informationen erhalten kann. Hier sind auch neue kreative Ideen und Möglichkeiten abrufbar, die wir für die neue Zeit brauchen. Auf dieses Feld hatten auch Erfinder und Genies, wie Steve Jobs, Isaac Newton oder Albert Einstein Zugriff.

Für mich ist Steve Jobs ein Paradebeispiel dafür, wie das kreative Feld bahnbrechende Entdeckungen in der Technologie ermöglicht. Ich liebe mein I-Phone, das so entstand. Jobs war ein Befürworter von Einfachheit und Minimalismus in der Technologie. Seine Intuition sagte ihm, dass Produkte und Schnittstellen so gestaltet sein sollten, dass sie ohne überflüssigen Ballast und Komplexität auskommen. Dieses Prinzip spiegelt sich in seinen Produkten wider und trug dazu bei, dass weitere Smart-Phone Anbieter nach seinem Vorbild ihre Handys benutzerfreundlich gestaltet haben. Wie konnten also zukunftsweisende Entdeckungen geschehen? Weil sich die Erfinder und Genies tief mit ihrer Seelen-Energie und dem universellen Feld verbanden und daraus neue Ideen erhielten.

Viele Traditionen nutzen unterschiedliche Meditations-Techniken, damit sie Zugang zum Göttlichen erhalten. In meiner Yogalehrer-Ausbildung kam ich mit der Yoga-Philosophie in Berührung und hatte damals die Aufgabe, regelmäßig zu meditieren. Später lernte ich weitere traditionelle Methoden, wie Zen, kennen. Überall wurde empfohlen, täglich mindestens 30 Minuten zu meditieren. Besser noch länger und öfter am Tag. Doch ich spürte bereits damals, dass es nicht meine Wahrheit war, dogmatisch dafür einen regelmäßigen Zeitraum zu nutzen. Das bedeutet jedoch nicht, dass du das nicht so machen sollst. Jeder hat seine eigenen Rituale und Techniken, die für ihn gut und richtig sind.

Allerdings möchte ich eine neue Sichtweise darauf lenken und Bewusstheit dafür erzeugen. Ich fühle, dass sich in der heutigen Zeit etwas verändert hat. Die kosmischen, energetischen Einflüsse sind vielfach verstärkt worden. Hohe kosmische Lichteinstrahlungen beeinflussen uns. Auch das Magnetfeld der Erde hat sich gravierend verändert. Das kann man anhand der Schumann-Frequenz bestätigen.[2] Das bedeutet für uns Menschen, dass sich auch unsere Energie-Anatomie verändert. Denn die kosmischen Lichteinstrahlungen beeinflussen unser Gehirn und Nervensystem. Im Sinn der Evolution erleben wir jetzt, dass die Menschen höher schwingen und damit deren Bewusstseins-Erweiterung möglich ist.

Darin unterstützen uns die Meditations-Techniken: Nicht nur die Gedanken zu beruhigen, sondern in ein erweitertes Bewusstsein zu kommen, um sich mit dem göttlichen Bewusstsein zu verbinden. Im erweiterten Bewusstsein hast du Zugriff auf das einheitliche Feld der unbegrenzten Möglichkeiten und kreativer Ideen, die der Verstand noch nicht kennt. Aus diesem Feld entsteht auch Materie. Meister, die ein höheres Bewusstsein erlangt haben, konnten in kurzer Zeit Materie erschaffen oder auch verändern.[3] Heute beweist uns die Quantenphysik, dass wir mit unseren Gedanken Materie beeinflussen können.[4]

Um in Kontakt zu deiner Seele zu kommen, ist es zunächst wichtig, dich dafür zu öffnen, dass es dort draußen mehr gibt, als du bis jetzt für möglich hältst. Damit erweiterst du bereits deinen Horizont. Weiterhin braucht es eine Brücke, um sich das erweiterte Bewusstseinsfeld

---

[2] Schumann Frequenz: https://symbio-harmonizer.com/der-herzschlag-der-erde-die-schumann-resonanz/

[3] Quelle: Autobiographie eines Yogi von Paramahansa Yogananda

[4] Quelle: Fundamental – Wie die Quantenphysik absolut alles erklärt, von Tim James

nutzbar zu machen. Wie schon beschrieben nutzte man früher die regelmäßige Meditation, um den Gedankenapparat zu beruhigen und dann in ein erweitertes Bewusstsein zu kommen.

In der heutigen Zeit erhalten wir neue Möglichkeiten und Geschenke, um auf das göttliche Feld zugreifen zu können. Bist du jetzt neugierig geworden, wie das geht?

Du bist immer mit deiner Seele verbunden. Du musst sie nicht suchen. Sie ist immer gegenwärtig. Damit auch ihre Weisheit und das universelle Wissen. Es braucht den innerlichen Rückzug im Augenblick. Deine Sinne für einen Augenblick nach innen zu richten, dich mit deiner Seele zu verbinden und sie um Antwort, Rat oder Hilfe zu bitten.

Zu einfach?

Ja, es ist einfach.

Ich nutze diese Methode schon, seitdem ich Kind bin. Es ging mir über viele Jahre verloren, weil mir gesagt wurde, dass ich aufhören sollte, mit mir selbst zu sprechen, weil da niemand sei. Mit Gott zu sprechen sei Sünde und ich hätte eine blühende Fantasie. So schnitt ich mich über lange Zeit von meiner intuitiven Ader ab. Doch nach meiner Nahtod-Erfahrung konnte ich mich wieder daran erinnern, weil ich die Präsenz dieser universellen Energie ganz deutlich gespürt hatte. Anfangs traute ich den Antworten, die ich auf meine inneren Fragen erhielt, noch nicht. Mein Verstand war einfach zu mächtig. Ich brauchte für alles Beweise und folgte oft eher dem Rationalen und Logischen. Das hat mir unnötige Umwege beschert und mich auch viel Zeit und Geld gekostet.

Durch das Yoga öffnete ich meine Wahrnehmungskanäle und kam endlich in Kontakt mit meiner Seele. Dabei half mir nicht nur die Meditation, sondern auch meine immer feiner werdende Körperwahrnehmung. Je tiefer ich mich mit meinem Körper verbinden und meinen Atem in den unterschiedlichen Körperbereichen spüren und lenken konnte, desto deutlicher spürte ich die Gegenwart meiner Seele. Das Denken hörte auf und das Fühlen und Empfinden nahmen sich ihren Raum. Die Brücke vom Verstand zur Seele ist unser Körper.

Übung für den Kontakt mit deiner Seele

Hier möchte ich dir eine Alltagsübung mitgeben, damit du in Kontakt zu deiner Seele kommst.

Nimm dir dafür 1 Minute Zeit und setz dich so hin, dass du deine Füße am Boden spürst, dich vielleicht an deinen Stuhl anlehnst und deinen Körper aufrichtest.

Schließe nun die Augen. Atme über die Nase ein und aus.

Konzentriere dich auf die Atemzüge. Ein - aus, ein - aus …

Wo spürst du die Bewegung des Atems in deinem Körper?

Dein Atem ist die Energie, die deinen Körper belebt - und BESEELT.

Such dir eine Stelle im Körper, die vom Atem bewegt wirst. Hier spürst du deutlich, wie deine Seele deinen Körper belebt.

Mein Mantra in dieser Atembeobachtung lautet beim Einatmen: „Ich atme meine Seele“ und beim Ausatmen: „Meine Seele atmet mich“.

Meine Empfehlung: Probiere das aus und nimm wahr, wie du dich fühlst, wenn du das nur 1 bis 2 Minuten im Alltag praktizierst. Du wirst schon nach wenigen Tagen spüren, wie du die Energie deiner Seele besser wahrnehmen kannst.

Die Bedürfnisse deiner Seele

Wenn du mit deinem Körper verbunden bist, dann fühlst du seine Bedürfnisse, beispielsweise wenn du Hunger oder Durst hast. Doch kannst du dir vorstellen, dass auch deine Seele Bedürfnisse hat? Dies Erkenntnis hat meine Sichtweise erheblich verändert.

Die seelischen Grundbedürfnisse sind in deinem Gehirn fest installiert, damit du dich irgendwann in deinem Leben für deine Seele öffnest. Es ist ein spiritueller Prozess, der sowohl energetisch als auch seelisch fest in jedem Menschen angelegt ist. Du kannst diese Bedürfnisse nicht ignorieren, denn sie holen dich irgendwann ein. Denn jeder Mensch soll sich sowohl irdisch als auch seelisch entfalten. Die irdische Entfaltung ist deine Persönlichkeit, die sich im Außen entwickelt. Erinnere dich, wie du gelernt hast zu überleben.

Als Baby konntest du noch nicht sprechen. Du hast genau beobachtet, was du tun musstest, damit du genährt wirst, etwas zu trinken bekamst oder auf den Arm genommen wurdest. Später lerntest du, wie du dich im Zusammenleben mit deiner Familie und anderen Menschen verhalten solltest. Du bist in die Schule gegangen, hast deinen Beruf gelernt, eine Familie gegründet, damit der Nachwuchs gesichert ist, und hast Karriere gemacht. Irgendwann klopft die Seele an deine Tür und möchte ebenfalls wahrgenommen werden und Aufmerksamkeit bekommen. Meistens sind es Lebenskrisen, in Form von Krankheiten oder Verlust, die dich dahinführen, dein Leben zu hinterfragen. Meine Schlüsselerlebnisse waren meine Nahtod-Erfahrung und später der Bandscheibenvorfall, der mich aus dem gewohnten Trott herauskatapultierte und mich den inneren Weg einschlagen ließ.

Nähe und Verbindung

In einer malerischen Stadt, wo die Zeit in den Winkeln der Gassen zu verweilen schien, lebte Maya. Ihr Leben pulsierte im Takt der Uhr, doch zwischen den Zeilen des geschäftigen Alltags verlor sie langsam den Klang der eigenen Seele. Sanfte Echos von Schmerz und Müdigkeit umschmeichelten ihren Körper, doch Maya huschte eilig an ihnen vorbei. Wie entfernte Melodien, die von einem rastlosen Wind getragen wurden, verhallten diese leisen Rufe, während das laute Treiben des Alltags ihren Geist einfing.

Mit der Zeit wurden die zarten Stimmen zu drängenden Rufen. Ihr Körper begann lauter zu sprechen, doch Maya schenkte ihm nur flüchtige Aufmerksamkeit. Die zarten Hinweise ihrer Seele gingen in dem Lärm des täglichen Lebens unter.

Lähmende Schmerzen ließen Maya endlich innehalten. Ein tiefes Gefühl von Traurigkeit und Leere begleiteten die Schmerzen. Sie erkannte, dass ihr Körper ihr die ganze Zeit versucht hatte zu sagen, dass ihre Seele nach Beachtung verlangte.

Maya entschied sich, wieder zuzuhören. Nach und nach wurden die Schmerzen weniger, weil sie bewusster zu leben begann und ihrem Körper die Pflege und Aufmerksamkeit schenkte, die er verdiente. Sie entdeckte ihre Freude in der Bewegung und im Tanz mit der Natur. Jedes Mal, wenn sie den Wind auf ihrer Haut spürte, begann sie ihren Körper rhythmisch zu bewegen, wie zu einer lautlosen Melodie. In diesen Momenten tiefer Verbundenheit mit sich, mit der Natur und ihrer inneren Musik, fand sie ihre Seele wieder – eine leise, kraftvolle Stimme, die durch den Körper zu ihr sprach. Sie fühlte tiefes Glück und Geborgenheit in sich. Sie erkannte, dass die Harmonie zwischen

Körper und Seele ein Pfad zur Selbstliebe und inneren Stärke war.

Das erste seelische Bedürfnis ist „Nähe und Verbindung". Wenn du dich bisher überwiegend mit dem äußeren Leben beschäftigt hast, kann es sein, dass dich Krisen oder auch körperliche Symptome einholen. Damit wirst du gefordert, dich mit dir selbst zu beschäftigen, dir Zeit zu nehmen, dein Leben und Verhalten zu überdenken.

Während meines Bandscheibenvorfalls ging ich zunächst den klassischen Weg, den ich kennengelernt hatten. In unserer Gesellschaft gehen wir zum Arzt, wenn wir krank sind. Der diagnostiziert das Symptom und empfiehlt Maßnahmen. Tabletten, Spritzen, Therapie. Damit das Symptom beseitigt wird.

Doch der Körper ist nicht nur das Gefäß für die Seele, sondern auch ihr Sprachrohr. Meine Seele spricht durch den Körper zu mir, wenn es ihr nicht gut geht. Auch ich hatte verlernt, ihr zuzuhören. Mein damaliger Bandscheibenvorfall, den ich mir durch Yoga-Übungen eingehandelt hatte, zeigte mir deutlich, dass ich mich überforderte. Er warf mich auf mich zurück. Ich erhielt damit Zeit, um mein Leben einer Prüfung zu unterziehen. Das führte mich schlussendlich zum Yoga und eröffnete mir Fähigkeiten, die ich niemals für möglich gehalten hätte. Er war der Schlüssel, um die Verbindung zu meiner Seele wieder herzustellen und Nähe zu ihr aufzubauen.

Was bedeutet es nun konkret? Wie kannst du im Alltag Verbindung zu deiner Seele aufnehmen?

Übung für den Kontakt mit deiner Seele

Mach dir bewusst: Ich bin Seele und habe diesen Körper.

Schließe kurz die Augen -wenn das gerade nicht geht, lenke dein Bewusstsein auf deine Innenwelt. Konzentriere dich auf deinen Atem.

Spüre dein Herz und den Herzschlag. Sei kurz mit deiner ganzen Konzentration dort anwesend. Begrüße deine Seele und sprich zu ihr: „Hallo, du liebe Seele, schön dass du da bist und so harmonisch in mir wirkst. Ich danke dir für diesen Körper, den du zuverlässig gesund hältst und harmonisch funktionieren lässt. Was brauchst du jetzt gerade?"

Du kannst deiner Seele jederzeit Fragen stellen oder sie um Rat und Hilfe bitten. Besonders dann, wenn du unsicher, traurig, ärgerlich, verzweifelt bist. Denn sie hat den Überblick über dein Leben. Sie weiß, was der nächste Schritt in deinem Lebensplan ist. Sie ist mit dem universellen Wissen verbunden und kennt deine Wahrheit. Jedes Problem kannst du in die Hände deiner göttlichen Kraft geben. Du kannst sicher sein, dass es zu deinem Wohl und zum Wohle aller gelöst wird.

Bei deiner Geburt ist deine Seele mit dem ersten Atemzug in deinem Körper inkarniert. Ab jetzt lebt deine Seele hier auf der Erde. Im Mutterleib warst du mit deiner Mutter über die Nabelschnur verbunden. Du wurdest genährt und versorgt. Deine Mutter war sich bewusst, dass du in ihrem Bauch heranwächst und war auch energetisch und emotional mit dir als Embryo verbunden. Dann wurdest du geboren. Die Nabelschnur wurde abgetrennt. Dein Körper war plötzlich auf sich gestellt. Dein erster Atemzug schenkte dir eine neue Verbindung zu Mutter Erde und Vater Himmel.

Für mich ist der Atem die Verbindung zu meiner Seele und auch zu der universellen Energie. Ich kann mich über den Atem und mein Bewusstsein in jedem Moment mit meiner Urkraft verbinden. Sie ist die wahre Quelle, aus der ich schöpfe und von der ich geleitet bin. Ich muss mich nur erinnern und schon bin ich mit meiner Seele verbunden und bin ihr nah.

Wachstum

In einem abgelegenen Tal lebten zwei enge Freunde, Milo und Luca, seit ihrer Kindheit unzertrennlich. Sie standen an einem Scheideweg des Lebens, jeder mit seinem eigenen Wunsch und seiner eigenen Angst.

Milo war ein Träumer und ein Abenteurer. Er sehnte sich danach, die Welt zu erkunden, neue Horizonte zu entdecken und sein Leben mit aufregenden Erfahrungen zu füllen. "Ich möchte hinausgehen und all das sehen, was die Welt zu bieten hat", verkündete er enthusiastisch.

Luca hingegen fühlte sich sicher und geborgen in seiner vertrauten Umgebung. Er hegte Ängste vor den Unwägbarkeiten des Lebens und den Gefahren, die auf ihn lauern könnten. "Ich fürchte mich davor, das Bekannte zu verlassen", gestand er. "Ich weiß, was ich hier habe, aber draußen ist alles ungewiss und voller Risiken."

Eines Tages beschlossen Milo und Luca, die weise, alte Amara aufzusuchen, um Rat zu suchen. Sie erzählten ihr von ihren Sehnsüchten und Ängsten, von ihren Träumen und Zweifeln.

Amara hörte ihnen aufmerksam zu und sprach dann sanft zu ihnen: "Meine lieben Freunde, das Leben ist wie ein unendliches Abenteuer, das darauf wartet, von euch erlebt zu werden. Milo, du spürst den Ruf der Ferne und die Sehnsucht nach neuen Erfahrungen. Folge deinem Herzen und lass dich von deiner Neugier und deinem Mut leiten."

Sie wandte sich dann an Luca und sagte: "Und du, Luca, fürchtest dich vor den Unbekannten und den Risiken des Lebens. Aber bedenke, dass das Leben ständig im Wandel ist und dass es oft genau die Herausforderungen sind, die uns wachsen lassen. Öffne dich für die Möglichkeiten, die das Leben dir bietet, und vertraue darauf, dass du stark genug bist, um sie zu meistern."

Milo und Luca verließen die Hütte der weisen Amara mit einem gestärkten Mut und einem neuen Verständnis für sich selbst und ihre Träume. Milo beschloss, seinem Abenteuergeist zu folgen und die Welt zu erkunden, während Luca entschied, seine Ängste zu überwinden und sich den Veränderungen des Lebens zu stellen.

Und so begaben sich die beiden Freunde auf ihre eigenen Wege, wissend, dass sie einander immer nahe sein würden, egal welche Herausforderungen das Leben ihnen auch bringen mochte.

Deine Seele ist in deinem Körper inkarniert, weil es im Universum keine Möglichkeit gibt, Erfahrungen zu machen. Dort ist alles reine Energie, alles eins mit allem. Also braucht es die Erde als „Erfahrungsplanet“, auf dem Seelen inkarnieren und menschliche Erfahrungen machen. Die Erde gibt uns die Möglichkeit, uns in jeglicher Situation zu erfahren. Dafür wurde die Polarität geschaffen, das heißt, für alles gibt es ein Gegenteil. Denn du kannst nur wissen, was kalt ist, wenn du auch die Erfahrung von Wärme machen kannst. Du weißt erst, was Dunkelheit ist, wenn du auch den Tag erlebt hast. Du wirst Gesundheit erst schätzen lernen, wenn du Krankheit erfahren hast.

Es braucht die Polarität und unsere Erfahrung in Gegensätzen, um Wissen und Bewusstheit darüber zu erlangen. In all den Polaritäten bewertet die Seele nicht. Der Mensch schon. Er spürt, was sich angenehm anfühlt und was nicht. Dabei spielt es auch eine Rolle, dass wir von unserem Umfeld gelernt haben, was gut und was schlecht ist. Unsere Gesellschaft bewertet beispielsweise Krankheit als schlecht und Gesundheit als gut. Die Seele nutzt diese Erfahrung für sich, um sich bemerkbar zu machen. Das Ziel dieser Erfahrungen ist: Wachstum. Sie will Erfahrungen machen und wachsen. Wachstum ist auch Ziel der Evolution. Wir als Menschen wachsen mit jeder Erfahrung, die wir machen. Denn wir erhalten daraus Erkenntnisse. Wenn du einmal als Kind auf eine heiße Herdplatte gefasst und den brennenden Schmerz in deiner Hand erlebt hast, dann weißt du, dass du es lieber vermeiden solltest. Dein Bewusstsein ist gewachsen und du hast eine Erkenntnis daraus gezogen. Jede Situation, die du erlebst und die vermeidlich schlecht ist, dient dem nächsten Bewusstseins-Schub. So kann ich heute, wenn ich auf Situationen zurückschaue, in denen ich tief unglücklich und verzweifelt war, erkennen, dass ich daran gewachsen bin und sie mich immer zu etwas Besserem geführt haben.

Nachdem ich meine Yogalehrer-Ausbildung beendet hatte, leitete ich zunächst für den ortsansässigen Kneipp-Verein Yoga- und Gymnastik-Kurse. Als der Raum, indem die Kurse stattfanden, umgebaut wurde, musste ich vorübergehend in der Aula einer Schule unterrichten. Dort war es abends schmutzig und kalt, daher mussten die Teilnehmer und ich den Raum zunächst reinigen. Ich war mit der Situation zwar nicht glücklich, doch fand ich mich damit ab.

Am letzten Abend der Kursserie lagen die Teilnehmer in einer von mir geführten Meditation auf ihrer Matte. Alles war ruhig, als es plötzlich raschelte. Eine Maus lief durch den Raum. Einige der Teilnehmerinnen waren zutiefst erschrocken und ekelten sich. Am nächsten Morgen gab ich der Vorsitzenden Bescheid, dass ich in dem Raum nach den Ferien nicht mehr unterrichten würde. Sie versprach, sich nach anderen Räumen umzusehen.

Ich nahm dies jedoch als Chance, den nächsten Schritt zu tun, denn ich wollte schon lange in eigenen Räumen unterrichten. Meine Seele jubelte! Ich war schon lange nicht mehr glücklich, Kurse mit über 20 Teilnehmern zu leiten, in denen viele der Teilnehmer nur unregelmäßig erschienen und deren Zusammensetzung nicht homogen war. Dort waren junge Frauen, die sehr biegsam und geschmeidig waren, und viele ältere Männer und Frauen, die schon Mühe hatten, auf die Matte zu kommen, weil ihr Rücken oder ihre Gelenke schmerzten. Für mich war es jeden Abend eine Herausforderung, die Übungen so anzuleiten, dass alle davon profitierten. Mein tiefster Wunsch war, in eigenen Räumen Menschen im mittleren Alter zu unterrichten und auf ihre körperlichen Beschwerden gezielt einzugehen. Diesen Wunsch gab ich in den Sommerferien innerlich an meine Seele ab.

Und siehe da: Schon nach wenigen Tagen las ich in der Zeitung, dass ein Mieter für eine größere Geschäftsfläche gesucht wurde. Ich schaute mir das Gebäude an, sprach mit dem Vermieter und wir wurden uns einig. Er war sogar bereit, die Räume nach meinen Wünschen zu gestalten und Toiletten für meine Teilnehmer einzubauen. Perfekt! Und das Beste: Die Räume wurden zum Jahresanfang fertig. So hatte ich Zeit, meine Kurstätigkeit beim Kneipp-Verein fristgerecht zu kündigen und alles für meine Selbständigkeit vorzubereiten.

Viele der Teilnehmer kamen anschließend in meine neuen Kurse und freuten sich über die wunderschön eingerichteten Räume. Ich war glücklich und stolz, dass ich mich selbständig machen konnte und es gut anlief. Hier bekam ich die Möglichkeit, zu wachsen und neue Erfahrungen zu machen. Außerdem klopfte das nächste seelische Bedürfnis bereits an die Tür.

Selbstverwirklichung

In einem fernen Land, umgeben von majestätischen Bergen und sanften Flussläufen, lebte ein junger Träumer namens Aiden. Sein Herz schlug im Einklang mit den Rhythmen der Natur, und seine Träume reichten weit über die Grenzen des Gewöhnlichen hinaus. Aiden spürte eine tiefe Sehnsucht in seinem Herzen – einen Ruf, der ihm sagte, dass seine Bestimmung mehr war als die Erfüllung persönlicher Ziele.

Eines Tages, als er in den Hügeln meditierte und die Schönheit der Natur umarmte, hörte er eine leise Stimme in seinem Inneren, die ihm sagte: „Deine Fähigkeiten sind ein Geschenk für die Welt. Finde den Weg, sie einzusetzen, um nicht nur dein eigenes Leben zu bereichern, sondern auch das Leben anderer zu erhellen."

Mit diesem Funken der Inspiration machte sich Aiden auf eine Reise, nicht nur über Berge und Täler, sondern auch in die Tiefen seiner eigenen Seele. Er begegnete Menschen, die ihm halfen, seine Begabungen zu erkennen und zu kultivieren. Menschen, die ihm zeigten, dass Selbstverwirklichung darin besteht, seine Talente auf eine Weise einzusetzen, die dem Wohl der Menschheit und der Erde dient.

Aiden entdeckte seine Gabe, mit Tieren zu kommunizieren, und seine Fähigkeit, Heilkräuter zu nutzen. Er erkannte, dass sein Weg darin bestand, als Heiler und Vermittler zwischen Mensch und Natur zu dienen. Er begann, Menschen zu heilen, ihre Beziehung zur Natur zu stärken und einen Raum der Verbundenheit zu schaffen.

Jede Geste, jedes Lächeln, jedes geheilte Lebewesen war ein Puzzleteil in Aidens Reise der

Selbstverwirklichung. Sein Handeln diente einem höheren Ziel – einer Welt, in der Mensch und Natur in Harmonie leben konnten. Mit jedem Tag, den er diesem Zweck widmete, fand Aiden Frieden und Erfüllung in seiner Seele.

Die Selbstverwirklichung spricht eine tiefe Sehnsucht in jedem Menschen an. In meiner Nahtod-Erfahrung wurde es für mich schon bedeutsam. Mir wurde die Möglichkeit gegeben weiterzuleben, weil ich noch eine Aufgabe erfüllen sollte. Meine jetzige Tätigkeit ist meine Seelenaufgabe und entspricht meiner Herzens-Energie. Das wofür ich brenne. Ich suchte sehr lang danach. Meine tiefe Sehnsucht wurde darin erfüllt, dass ich etwas fand, was mir unbändige Freude machte und gleichzeitig wichtig für andere Menschen war.

Selbstverwirklichung bedeutet hier, das zu tun, was deinen Seelenfähigkeiten entspricht und gleichzeitig das Wohl der Menschen und der Erde vergrößert. Es dient einem höheren Ziel. So habe ich es selbst erlebt: Nachdem ich drei Jahre Yogakurse in meinen eigenen Räumen geleitet hatte, kam ich in eine Krise. Ich lebte in Trennung von meinem Ehemann und war nun gefordert, eine Wohnung zu mieten und meinen eigenen Lebensunterhalt zu bestreiten. Bis dahin hatte ich meine Tätigkeit eher als Hobby gesehen. Ich hatte daher die Kurse sehr knapp kalkuliert. Ich war von den Preisen im Kneipp-Verein ausgegangen und hatte ähnliche Kursgebühren von meinen Teilnehmern verlangt. Das reichte gerade für die Miete und Nebenkosten der eigenen Kursräume, doch an einen Überschuss war nicht zu denken. Meinen eigenen Lebensunterhalt konnte ich davon ebenfalls nicht bestreiten. Ich musste nun Prioritäten setzen und suchte Rat bei einem Unternehmensberater. Schnell war klar: Mein damaliges Geschäftsmodell musste überarbeitet werden.

Anschließend verlangte ich höhere Preise von meinen Teilnehmern, mit dem Ergebnis, dass mehr als die Hälfte der Teilnehmer aufhörten. Mir blieb nichts anderes übrig, als die großen Räume wieder zu kündigen und in kleineren, günstigeren Räumen weiterzumachen. Es war für mich damals ein Scheitern! Ich hatte versagt! Ich war traurig, wütend und verzweifelt. Es war eine Katastrophe. Doch nachdem die Emotionen abgeklungen waren, konnte ich erkennen, welches Geschenk mir meine Seele damit machte.

In den großen Räumen hatte ich nur für die Miete gearbeitet. Sogar am Wochenende reinigte ich die Räume und bereitete meine 12 Kurse vor. Ich hatte dadurch kaum Zeit für meine Familie. Ich lebte nur für meine eigenen Räume. Damals wollte ich es nicht zugeben, aber die eigenen Räume dienten meiner Persönlichkeit. Mein Ego war stolz darauf. Auch wenn alles sehr anstrengend war.

Nachdem ich die Räume aufgegeben hatte, konnte ich die Kurstätigkeit reduzieren und mich in der freien Zeit neu orientieren. Ich wuchs wieder einmal über mich hinaus.

Damals hatte ich die Idee, das klassische Yoga an die Bedürfnisse der Teilnehmer anzupassen. Das praktizierte ich bereits in meinen eigenen Kursen. Viele kamen wie beschrieben mit Rücken- und Gelenkproblemen und konnten daher die klassischen Yoga-Übungen nicht ausführen. Also wandelte ich die Übungen individuell ab. Inzwischen konzipierte ich meine eigene Methode und bot sie in Wochenend-Seminaren an. Daraus ergab sich, dass ich für die Kneipp-Landesverbände eigene Seminare leiten konnte und sogar beim Kneipp-Bund für die Ausbildung angefragt wurde. Alles fügte sich zu meinem Wohl und zum Wohl des Ganzen. Ich erlebte durch das vermeintliche Scheitern mein eigenes Wachstum und konnte mich mehr und mehr selbst-verwirklichen. Ich benenne es heute anders: Ich konnte mein Selbst verwirklichen und so meine Seele stärker durch mich wirken zu lassen.

Sinnhaftigkeit

Das Leben erfüllt sich mit wirklichem Sinn, wenn du dir Werte setzt, dich selbst für lohnend hältst und deine Gedanken zu Dingen erhebst, die von göttlichem Nutzen sind.

Es gibt eine höhere Macht.

Wende dich ihr zu und gebrauche sie.

Du kannst sie dir mühelos aneignen.

(Brian Adams)

Alle seelischen Bedürfnisse greifen ineinander. Als ich mehr und mehr aus meiner Seelenführung agierte, erlebte ich viele Synchronitäten. Es war, als ob eine unsichtbare Hand mich führte und alles einen Sinn ergab. Ich hatte viel Freude an meiner Yoga- und Seminar-Tätigkeit. Andere Menschen profitierten davon, ich tat etwas sehr Sinnvolles und fühlte mich glücklich. Doch das Leben ist Veränderung und klopfte nach einer Weile wieder an meine Tür.

Meine Seminartätigkeit war mit viel Reisen durch ganz Deutschland verbunden, die immer an den Wochenenden stattfanden. Unter der Woche leitete ich die Kurse. Erneut fehlte mir Zeit für Erholung und ich erlebte wieder, dass ich zu funktionieren begann. Mein Körper schickte mir Warnsignale. Als meine Hüfte sich bemerkbar machte, bis ich vor Schmerzen kaum noch laufen konnte, spürte ich, dass etwas nicht stimmte.

Ich begann zu hinterfragen: „Was will mir mein Körper damit sagen?" In dieser Zeit las ich Bücher von Rüdiger Dahlke und Thorwald Dethlefsen.[5] Sie bestätigten mir, dass sich meine Seele durch den Körper bemerkbar

[5] Krankheit als Weg, Rüdiger Dahlke und Thorwald Dethlefsen.

machte. Ich sagte eine Weile meine Kurse und Seminare ab und gönnte mir eine Auszeit. Ich spürte, dass ich etwas Gravierendes verändern musste.

Seminare und Kurse zu leiten machte mir zwar Spaß, doch kaum Zeit für mich zu haben und an den Wochenenden ständig unterwegs zu sein, hinterließ seine Spuren. Ich hatte erkannt, dass es bei meiner Hüfte um die Themen Leichtigkeit, Flexibilität und Sicherheit ging. Also stellte ich mir die Frage: „Wie kann es leichter gehen und wie kann ich mich sicherer fühlen?" Die Antwort ließ nicht lange auf sich warten. Nachts wachte ich auf und wusste: Ich mache eine eigene Ausbildung und suche mir ein Seminarhaus in meiner Nähe.

Gesagt – getan! Ich fand nicht weit entfernt ein schönes Seminarhaus. Ich machte eigene Flyer und lud alle Teilnehmer, die zuvor über die Kneipp-Verbände bei mir ein Seminar besucht hatten, zu meiner Ausbildung ein. Es funktionierte. Die Menschen kamen zu mir in die Ausbildung.

Das bediente das nächste Seelenbedürfnis: Ich fühlte mich (zunächst) erfüllt und angekommen. Das Seelenbedürfnis ist die Krönung. Es ergibt sich aus allen vorangegangenen Bedürfnissen. Durch die Verbindung zu meiner Seele und die Hingabe an ihre Führung erhalte ich die Möglichkeit zu wachsen, immer weiter über meine eigenen Grenzen hinaus. Ich erlebte, dass viel mehr in mir steckte, als ich mir zutraute.

Wer bist du als Seele in deinem Körper?

Deine Seele ist groß. Viel größer als du dir rein kognitiv vorstellen kannst. Du bist zu viel mehr fähig, als du jetzt lebst. Deine Seele hatte sich einen Plan gemacht, bevor sie in deinem Körper inkarnierte. Sie will sich nun durch dich ausdrücken und permanent wachsen. So wuchs ich zunächst mit meiner Seminartätigkeit über mich hinaus. Weiterhin interessierte mich alles, was mit Persönlichkeitsentfaltung, Spiritualität und Seele zu tun hat. Das Geld, das ich verdiente, floss in weitere Ausbildungen. Mein Wissensdurst war groß. Es machte mir viel Freude, mich breitgefächert weiterzubilden.

So kam es, dass ich Frank Alper, meinen ersten spirituellen Lehrer kennenlernte. Er weckte meine Seele und durch ihn lernte ich meinen Seelenplan kennen. Er vermittelte Spiritualität auf eine fröhliche Weise und ohne Dogmen. Seine Kernaussage lautete: „Deine Seele will wachsen und glücklich sein. Also genieße und feiere dein Leben." Damit räumte er mit veralteten Regeln auf. NICHTS MUSS, alles DARF, in einem richtigen Maß. Das gefiel mir sehr.

In der Yogalehrer-Ausbildung hatten wir Regeln zu befolgen: kein Fleisch, kein Alkohol, kein Zucker, möglichst tägliche Meditation über längere Zeiträume … Wie oft hatte ich ein schlechtes Gewissen, wenn ich mich im Alltag nicht an die Regeln hielt. In meinem Umfeld wurde oft gefeiert und wir waren vielfach eingeladen. Da ging es nicht so ernst zu, wie es die Yogatradition verlangte. In meinem vollen Alltag, mit großem Haus, Garten und drei Kindern schaffte ich es nicht, regelmäßig zu meditieren. Doch Frank war da völlig unkompliziert und ich blühte innerlich und äußerlich auf. In einem persönlichen Gespräch empfahl er mir, den eigenen Seelenplan dank seiner gechannelten Berechnungsmethode ermitteln zu lassen.

So lernte ich meinen Seelenplan zum Winteranfang im Dezember 2006 kennen. Eine Schülerin von Frank hatte ihn berechnet und sollte ihn mir erklären. Ich fuhr ganz aufgeregt zu ihr. Ich spürte, dass mich etwas Besonderes erwartete. Meine Ahnung enttäuschte mich nicht. Ich fand mich in ihren Ausführungen über meine Herausforderungen und Lernaufgaben, die sich meine Seele vorgenommen hatte, vollständig wieder. So bestätigte sich vieles, was ich in meiner Kindheit und Jugend erlebt hatte. Auch meine Nahtod-Erfahrung hatte meine Seele mitgebracht. Es war der Weckruf meiner Seele. Ich erinnerte mich wieder daran, dass ich Seele und ein unendliches Wesen bin. Was mich jedoch völlig überraschte, waren meine Fähigkeiten. Dort las ich alles, was in meiner Kindheit unterdrückt war, mir jedoch unendlich viel Freude brachte.

Eine meiner Fähigkeit ist es, dass ich mich tief in Menschen einschwingen und ihre Bedürfnisse wahrnehmen kann, noch bevor sie das selbst wissen. Durch meine Hellsichtigkeit kann ich Zukünftiges wahrnehmen und Zusammenhänge erkennen, auf die sonst niemand kommen würde. Doch das durfte in meiner Familie nicht gelebt werden. Ich erinnere mich, wie ich als Kind im Garten voller Verzückung vor den Blumen saß und mit den Feen sprach. Wenn meine Oma das mitbekam, schimpfte sie mich aus. Ich solle aufhören, mit mir selbst zu sprechen. Als ich erklärte, dass ich doch nur mit den Feen spräche, entgegnete sie ärgerlich, dass das Teufelszeug sei und ich in die Hölle käme. Also passte ich mich an und hörte damit auf. Ich wollte nicht in die Hölle kommen. Und es war mir wichtig, meine Oma nicht zu verärgern.

Als ich nun meine Ziele und meine Seelenaufgabe erfuhr, konnte ich es kaum fassen. Das war so unendlich groß. Mein Verstand drehte Kapriolen und wollte alles anzweifeln. Die Schülerin von Alper bestärkte mich jedoch in allem. Ich fuhr glücklich und euphorisch wieder nach Hause. Nun fand ich auch für die Trennung von meinem Mann eine Erklärung in meinem Seelenplan. Meine Seele braucht viele Neuanfänge. Dieser Tag ist bis heute unvergessen.

Doch schon am nächsten Tag begann ich wieder alles in Frage zu stellen. Meinen Seelenplan zu verwirklichen bedeutete, aus meinem Klein-Denken auszusteigen. Meine Ängste und Zweifel über Bord zu werfen und etwas viel Größeres in Angriff zu nehmen. Damals wusste ich noch nicht, WIE das gehen könnte. Das Gedankenkarussell ratterte … Ich konnte mir nicht vorstellen, dass das alles stimmig war und hätte am liebsten alles beim Alten gelassen. Drei Tage später erwischte mich eine Erkältung, die sich zu einer Lungenentzündung entwickelte. Ich lag fiebernd in meiner kleinen Wohnung, konnte mich kaum selbst versorgen und wusste nicht, wie mir geschah. Eine Freundin ging für mich einkaufen und sorgte sich um mich.

Die Tür zu meiner Seele ging wieder weit auf und in diesem erneuten Kampf um Leben und Tod traf ich eine Entscheidung: „Wenn meine Seele wirklich so groß ist und durch mich wirken will, dann bin ich bereit dafür. Ich übergebe mein Leben an die Führung meiner Seele." Das war mein Durchbruch. Bereits am nächsten Tag ging es mir besser und ich erholte mich schnell wieder.

Ich nahm mir die Zeit herauszufinden, wie ich meinen Seelenplan wirklich leben konnte. Dafür fuhr ich für eine Woche in ein Schweige-Retreat. Es war meine erste Begegnung mit Zen, einer sehr traditionellen und strengen Methode. Wir begannen morgens um 6.30 Uhr mit dem Meditieren und saßen bis zum Frühstück um 8.00 Uhr. Dann war eine Stunde Pause. Von 10.00 bis 12.30 Uhr saßen wir in einer großen Gruppe im Meditations-Sitz. Alle 20 Minuten gingen wir drei Runden, Schritt für Schritt durch den Meditations-Raum. Dann wieder sitzen. Nach einem Tag taten mein Rücken und Beine unendlich weh und ich dachte, ich würde auf dem Meditationskissen sterben. Der

Zen-Lehrer schmunzelte, als ich ihm das sagte und mich beklagte. Doch mein Verstand kam durch die Zen-Meditation mehr und mehr zur Ruhe. Nachts lag ich im Halbschlaf und erhielt von meiner Seele viele Informationen und neue Ideen. Ich hielt damals alles in meinem Tagebuch fest. Egal wie verrückt es war. Ich erlaubte meinem Verstand nicht wieder, es in Frage zu stellen. Dabei erhielt ich die Vision von einer neuen Identität. Darin konnte ich die Zukunft sehen. Das begeisterte mich und ich war bereit, alles umzusetzen. Daraus ergab sich, dass ich nun in Einzelarbeit auch energetisch arbeitete und meine Seminare inhaltlich um spirituelle Gesetzmäßigkeiten erweiterte. Ohne Seele ging für mich nichts mehr. Wie du siehst, ist meine Heil-Yoga-Ausbildung aus dem Wissen um meinen Seelenplan entstanden. Hier konnte ich alles einbinden, was meinen Fähigkeiten entsprach.

Wenn du auch wissen willst, wie groß deine Seele wirklich ist, dann nutze folgende Übung dazu.

Übung für dein zukünftiges Ich

Nimm dir mindestens eine Stunde Zeit nur für dich. Stell deinen PC, Telefon und Handy ab. Sorge dafür, dass du allein bist und ungestört bleibst. Lege dir einen Block und Schreibzeug bereit. Lege oder setze dich bequem hin. Das muss nicht im Meditations-Sitz sein, darf es aber.

Schließe deine Augen, atme über die Nase ein und durch den Mund aus. Wiederhole das mehrmals. Triff die Entscheidung, dass du dich für das Wissen und die Weisheit deiner Seele und des Universums öffnest, um zu erfahren, wer du in der Größe deiner Seele bist.

Dann atme Licht und Liebe in dein Herz ein und aus dem Herz wieder aus. Wiederhole das so lange, bis du dein Herz bewusst spüren kannst. Mit jedem Ausatmen lass das Licht und die Liebe sich um dich herum ausdehnen.

Stell dir vor und fühle, wie du umgeben bist von einer großen Kugel aus Licht und Liebe, die sich immer mehr ausdehnt. Nach vorne und hinten. Nach rechts und links. Nach oben und unten.

Dehne die Licht- und Liebes-Energie immer weiter aus und schwebe in die Weiten des Universums. Nimm wahr, wie die Welt jetzt unter dir liegt und du wie aus weiter Ferne auf dich hinunterschaust. Du sitzt dort in deinem Körper und doch bist du mit deinem Bewusstsein in den Weiten des Universums.

Du schaust dich um. Vor dir siehst du eine Tür. Sie ist einen Spalt breit geöffnet und zieht dich magisch an. Du gehst hindurch und fühlst dich sicher, eingehüllt in die Lichtkugel deiner Seele. Du weißt, du bist mit ihr verbunden. Du fühlst ihr Licht und ihre Liebe in jeder Zelle deines Körpers.

Neugierig betrittst du einen weiten, hellen Raum. Er ist mit wunderschönen Möbeln eingerichtet. So wie du es dir schon immer gewünscht hast. Schöne Gardinen, ein flauschiger Teppich, wertvolle Gegenstände. An der Wand hängt ein Spiegel, der leuchtet und das Licht reflektiert, das zum Fenster hineinscheint.

Der Ausblick weckt Erinnerungen an eine unbestimmte Sehnsucht. Es kommt dir vor, als ob du schon mal hier gewesen bist. Eine Landschaft breitet sich vor dir aus. Glücksgefühle durchströmen dich. Du fühlst dich angekommen. Endlich zu Hause.

Du gehst zum Spiegel. Er zieht dich magisch an. Du schaust hinein. Ein Gesicht schaut dir entgegen. Es sieht aus wie du, doch es strahlt tiefes Glück und Zufriedenheit aus. Es trägt andere Kleider, als du sie gewohnt bist.

Du tauchst ein in den Spiegel und damit in eine andere Welt. Sie ist völlig neu und doch findest du dich vollkommen darin wieder. Die Person im Spiegel zieht dich in ihre Welt. Sie zeigt dir, wer du in Wahrheit bist. Wie du der Welt und den Menschen dienst aus einer vollkommenen Leichtigkeit, Freude und Selbstverständlichkeit heraus.

Du siehst Menschen, die dich umgeben und voller Liebe und Wertschätzung auf dich schauen. Sie sind dankbar, dass es ich gibt. Du erkennst deine Heimat – deine wahre Heimat – und siehst sie mit völlig anderen Augen an. Auch deine Familie kannst du erkennen und wieder nimmst du sie neu und anders wahr als vorher.

Du fragst dich: Bin das wirklich ich?

Du erkennst: Ja, das bin ich in meiner neuen, wahren Version meiner Selbst.

Lass dich von der Person im Spiegel mitnehmen und schau dir an, was es in dieser künftigen Welt noch alles zu entdecken gilt.

- Mit wem arbeitest du?
- Welche Menschen umgeben dich?
- Wie sind diese Menschen?
- Welche Werte und Attribute vertreten sie?
- In welcher Umgebung lebst du?
- Welche Landschaft siehst du?
- Welche Jahreszeit nimmst du wahr?
- Wo wohnst du und wie sind die Räume, das Haus eingerichtet?
- Hast du Partner und Familie oder lebst du allein?
- Wie verbringst du deine Freizeit und mit wem?
- Welchen Hobbys und Leidenschaften gehst du nach?
- Wie kleidest du dich?
- Was ist deine Wohlfühl-Garderobe?
- Wie ist deine Beziehung zu Geld, Wohlstand und Reichtum?
- Welcher Betrag auf deinem Konto lässt dich reich und sicher fühlen?

Jetzt und hier, eingehüllt in das Kleid deiner Seele, voller Licht und Liebe siehst du deine leuchtende Zukunft vor dir. Die beste Version deines Selbst. Das, was du in Wahrheit bist. Wohin du dich bewegst und was für dich vorgesehen ist.

Wenn du alles wahrgenommen hast, trittst du aus dem Spiegel wieder heraus, schaust dich in deiner Zukunft nochmal an und bedankst dich für die Einsichten und Erkenntnisse, die du gewonnen hast. Du gehst durch den Raum zurück zur Tür und wieder hinaus. Kommst mit deinem Bewusstsein wieder ins Hier und Jetzt zurück.

Fühle wieder deinen Körper, atme tiefer, bewege deine Glieder und richte dich darauf ein, auch deine Augen wieder zu öffnen und im Alltag wieder vollkommen anzukommen.

Nimm dir jetzt Zettel und Stift und schreib auf, was du wahrgenommen hast. Oder geh den Fragen in einer meditativen Haltung und Innenschau nach. Gestalte dir schriftlich deinen Wohlfühltag. Schreib auf, wie du ihn erlebst, wenn alles möglich ist und deine Träume und Sehnsüchte schon erfüllt sind. Werde dir darüber klar, wer du sein und wie du leben willst, um dich vollkommen wohl, sicher und erfüllt zu fühlen. Im nächsten Schritt geht es darum, die ersten kleinen Handlungen zu vollziehen, damit diese Zukunft entstehen kann. Ich wünsche dir viel Freude beim Gestalten deines zukünftigen Ichs. Die geführte Meditation kannst du dir hier gratis herunterladen:[6]

[6] https://mariadieste.com/der-ruf-deiner-seele-buchunterlagen/

3) Energie deiner Seele

Schwingungen und ihre Frequenz

Die Welt, die sich mir in der Ausbildung bei Frank Alper erschloss, war für mich völlig neu. Spannend und aufregend zugleich. Zunächst fremd, dann jedoch auch wieder bekannt. Es fühlte sich an, als ob sich etwas in mir erinnerte.

Er führte uns mithilfe von Meditationen in ein anderes Bewusstsein. In neue Dimensionen und Energie-Räume. Mein Verstand wollte sie als Fantasie und nette Filmchen abtun. Er brachte uns in Kontakt zu Meistern wie Jesus Christus, Buddha oder Saint Germain oder führte uns in die Welt der Engel, Drachen und Einhörnern. Obwohl ich alles wahrnehmen konnte, stellte mein Verstand anschließend alles wieder in Frage.

Frank gab uns Fragen mit, die wir Jesus, Erzengel Michael oder auch Buddha stellen sollten. Er führte uns zurück in unsere früheren Leben oder andere Welten und ließ uns dort ebenfalls Fragen stellen. Ich erhielt vielfach Antworten, sogar wenn ich in das Leben anderer Teilnehmer eintauchen sollte und sie Probleme und Herausforderungen hatten. In Partner-Übungen lernten wir, den Körper des anderen energetisch wahrzunehmen, Blockaden im Energiefeld, in Organen, Muskeln oder Gefäßen zu erkennen und zu lösen. Es wurde uns beigebracht, wie wir unseren eigenen Körper energetisch reinigen und aufladen können und dies auch für andere zu tun.

Ich bekam vielfach Bestätigung für meine hellfühlenden Fähigkeiten. Auch wie ich Energie-Räume erschaffen, andere Menschen mitnehmen konnte und sich ihre Schwingung erhöhte. Sie machten in einer höheren Energie unglaublich schöne Erfahrungen und erzählten mir anschließend von der Veränderung, die dadurch passierte. Meine Talente entfalteten sich mehr und mehr und ich blühte auf. Dies war die Welt, die ich mir immer gewünscht hatte. Das entsprach meiner tiefen Sehnsucht. Etwas in mir fühlte sich voller Freude und angekommen. Wir waren eine große Gruppe Gleichgesinnter, die durch Frank ihre Einzigartigkeit entdeckten, sich ihrer Seele erinnerten und ihre wahren Fähigkeiten entfalteten.

Wir übten zwischen den Seminaren innerhalb unserer „Buddy-Gruppen" und tauschten uns aus über unsere Erfahrungen und Erlebnisse. Es waren 2 Jahre, die mich in der Entfaltung meiner Seelenkräfte schnell voranbrachten.

Du bist Seele, die sich durch deinen Körper ausdrückt. Sie ist deine Energie, die deinen Körper belebt und gleichzeitig beseelt. Deine Energie besteht aus dem Zugang zur göttlichen Quelle, die LICHT ist, sowie der Energie von der Erde, die reine LIEBE ist. Du wirst durchdrungen von Licht und Liebe. Beide Energieformen sind grundlegend für deine Existenz. Aus diesen Energien formte sich dein Körper. Wenn du stirbst, wird dein Körper wieder zu Erde und deine Seele geht ins Licht zurück. Deshalb empfand ich mich während meiner Nahtod-Erfahrung vom Licht eingehüllt, das sich unendlich liebevoll anfühlte. Deine Seele ist die göttliche Energie, die aus Licht und Liebe besteht und mit Bewusstsein gefüllt ist. Sie schwingt in unterschiedlichen Frequenzen und wird in der Materie sichtbar. Daraus folgt, dass Energie niemals verloren geht, sondern immer in seinen Ursprung zurück geht.

Es war einmal eine alte, weise Eule namens Althea. Sie war bekannt für ihre tiefen Einsichten über das Leben und die Geheimnisse des Universums.

Eines Abends versammelten sich die Tiere des Waldes um Althea, um von ihr zu lernen. Althea hob ihre weisen Augen zum Sternenhimmel und begann zu erzählen:

„Die Seele, meine lieben Freunde, ist wie ein unendlicher Fluss aus göttlicher Energie, geboren aus Licht und Liebe, durchdrungen von Bewusstsein. Diese Energie schwingt in unterschiedlichen Frequenzen und wird in der Materie sichtbar. Sie existiert nicht nur in uns, sondern in allem, was um uns herum ist – in den Bäumen, den Flüssen, den Tieren und den Sternen. Diese göttliche Energie, die unsere Seelen nährt, ist unzerstörbar. Sie wandert durch die Zeiten, durch verschiedene Formen und Dimensionen, aber sie kehrt immer zu ihrem Ursprung zurück, wie der Fluss, der zum Ozean fließt und als Regen zurückkehrt."

Die Tiere des Waldes hörten gespannt zu, als Althea ihre Geschichte fortsetzte: „Versteht, dass in jedem Moment eures Lebens die Energie eurer Seelen mitschwingt, sich bewegt und transformiert. Ihr seid Teil dieses ewigen Flusses, dieser unendlichen Reise zur und von der göttlichen Quelle. Vielleicht kann diese Erkenntnis, dass die Energie niemals verloren geht, sondern immer in ihren Ursprung zurückkehrt, euch Trost und Frieden in schwierigen Zeiten schenken."

Mir wurde in den Übungen und Anwendungen völlig klar, dass alles Energie ist. Egal ob Mensch, Tier, Pflanze, Stein, Stuhl oder Schrank – alles ist von dieser Energie durchdrungen und schwingt nur in anderen Frequenzen, die für die äußeren Sinne nicht sichtbar sind.

Ein schönes Beispiel, an dem ich es erklären möchte, ist ein Fahrrad: Wenn es langsam fährt, kannst du die Speichen der Räder noch konkret erkennen. Nimmt das Fahrrad Tempo auf, wird mehr Energie zugeführt. Die Räder drehen sich schneller und die Speichen sind nicht mehr sichtbar, weil sie in höherer Schwingung sind. So verhält es sich auch mit Energie, die in Schwingung gebracht wird. Materie ist Energie, die für unsere Sinne sichtbar ist. Doch es gibt Energie, die wir mit unseren äußeren Sinnen nicht wahrnehmen können. Der Körper ist von der göttlichen Energie durchdrungen und strahlt sie aus.

Du kannst es dir so vorstellen: Sicher bist du schon auf Versammlungen oder Veranstaltungen gewesen. Da betritt ein Mensch den Raum und die Menschen suchen seine Nähe. Du wirst förmlich von seiner Präsenz angezogen. Auch wenn du die Energie dieses Menschen nicht mit deinen Augen wahrnehmen kannst, so spürst du doch seine Ausstrahlung. Wie fühlst du dich, wenn du an einem Konzert mit vielen Menschen teilnimmst? Hier kommen unterschiedliche Energien zusammen, die dich anregen, verwirren oder auch runterziehen können. Es kann sein, dass du dich am nächsten Tag müde, erschöpft und unausgeglichen fühlst. Oder du besuchst jemandem im Krankenhaus oder Altenheim. Hier halten sich Menschen auf, die in ihrer Schwingung oft sehr niedrig sind, weil sie im Alter nur noch wenig Lebensenergie haben, krank oder einsam sind.

Deine Energiezentren: die Chakren

Dein Körper ist von Energie umgeben. Dieses Energiefeld wird „Aura" genannt. Der Kirlian-Fotografie[7] ist es gelungen, die Aura sichtbar zu machen. Hier kannst du erkennen, wie sich dein Energiefeld darstellt, wo Blockaden im Energiefeld sind oder Energie nicht fließen kann, weil zu viel oder zu wenig Energie vom Körper aufgenommen werden kann.

Deine Aura wird gespeist von der göttlichen Energie. Dein Körper nimmt sie über die Energiezentren auf, die Chakren genannt werden. Dieser Begriff stammt aus dem indischen Sanskrit[8] und bedeutet „Rad", weil sie sich in kreisender, wirbelnder Form bewegen. Hier ist die Geschwindigkeit ausschlaggebend, in der die Chakren schwingen. Dies kann man in Frequenzen messen. Die Chakren befinden sich außerhalb des Körpers, sind jedoch innerhalb eines Energiekanals entlang der Wirbelsäule miteinander verbunden. Dieser Kanal wird im Sanskrit Sushumna[9] genannt.

In meiner Yoga-Ausbildung lernten wir die Chakren kennen und wie wir die Wirbelsäule mit den Yoga-Asanas gezielt harmonisieren können. Dies wirkt sich auch auf die Chakren aus. Nach einer Yogapraxis, in der durch gezielte Yogaübungen jeder Bereich der Wirbelsäule aktiviert wird, fühlt man sich ruhiger, zentrierter und ausgeglichener. Die Chakren zu harmonisieren, ist zunächst

---

[7] Kirlian-Fotografie: siehe „Bilder der Aura – das Praxisbuch der Kirlian Fotografie", von Brian Snellgrove

[8] Sanskrit: siehe „Die Sprache der Götter: Sanskrit als Schlüssel zu den Mysterienlehren", von Bärbel Ackermann

[9] Sushumna: siehe „Chakra Praxisbuch: Spirituelle Übungen für Gesundheit, Harmonie und innere Kraft", Kalashatra Govinda

das Ziel auf der körperlichen und emotionalen Ebene. Ursprünglich ist die Aktivierung der Chakren ein Prozess, in dem sich das Bewusstsein des Menschen entfalten und erweitern soll. Er soll sich seiner Einheit wieder bewusstwerden. Der Entwicklungsprozess rund um die Chakren ist ein spiritueller Einweihungsweg, der im ursprünglichen Yoga nur Personen vorbehalten war, die spirituelle Aufgaben hatten, wie beispielsweise Volksführern oder Priestern.

Die Yogatradition ist mehr als 5.000 Jahre alt. In den alten Yogaschriften wurden die Zusammenhänge ausführlich erklärt. Dieses geheime Wissen war zunächst nur Eingeweihten zugänglich und wurde von Lehrer zu Schüler weitergegeben. Als das Yoga in den Westen kam, wurde dieses geheime Wissen für viele Menschen nutzbar gemacht.

Mich hat dieses Wissen sehr inspiriert und gewann dadurch unendlich viele neue Erkenntnisse. Ich erkannte den Zusammenhang zwischen Körper, Seele, Energie und Wohlbefinden. Durch das Wissen rund um die Chakren wurde mir zusätzlich bewusst, dass ich meine Energie selbst beeinflussen kann. Wenn meine Chakren frei und harmonisch kreisen, können sie die göttliche Energie ungehindert aufnehmen und für den Körper verfügbar machen. Das zeigt sich in Gesundheit, Vitalität und Wohlbefinden.

Sind die Chakren blockiert, kann die Energie nicht frei fließen und es machen sich auf Dauer Störungen bemerkbar, die zu körperlichen Symptomen führen oder auch Krankheiten auslösen. Da die Chakren über Energiekanäle mit der Wirbelsäule verbunden sind, beeinflussen sie die Zellen, das Nervensystem, die Drüsen und Organe und das gesamte Hormon- und Immunsystem. Dies beeinflusst wiederum unsere Gefühle und Gedanken. Sie sind also psycho-energetische Zentren. Ihre Entfaltung gestaltet sich wie ein spiritueller Entwicklungsprozess, da die seelischen Grundbedürfnisse in jedem Chakra energetisch angelegt sind.

Da die Seele Energie ist und diese Energie über die Chakren den Menschen unmittelbar beeinflusst, werde ich hier ausführlich auf die Funktion der Chakren eingehen und deren Zusammenhänge erläutern, damit du erfährst, wie du deine Energie im Alltag erhöhen kannst. Es gibt sieben Grund-Chakren und zahlreiche Neben-Chakren, die im Körper lokalisiert und auch beeinflusst werden können. Ich möchte dir hier die sieben Haupt-Chakren vorstellen:

Das Wurzel-Chakra gibt dir Sicherheit

Es war einmal ein Mädchen mit Namen Emilia. Sie lebte in einem kleinen Dorf, eingebettet zwischen sanften Hügeln und einem glitzernden Fluss. Ihr Lachen war wie Musik und ihre Augen strahlten wie die Sterne am Nachthimmel. Doch tief innen fühlte sie sich unsicher und hatte vor allem Angst.

Eines Tages traf sie einen weisen Mann namens Elias. Seine Augen spiegelten Ruhe und Gewissheit wider. Als er Emilia sah, erkannte er ihre Sehnsucht und begann, ihr eine Geschichte zu erzählen.

„Es war einmal eine junge Eiche, die im Herzen des Waldes stand", begann Elias. „Diese Eiche war stark und majestätisch, ihre Wurzeln reichten tief in die Erde. Sie fühlte sich sicher und geborgen in ihrer Verbindung zur Erde."

Emilia hörte aufmerksam zu, als der Weise fortfuhr: „Die Eiche wurde vom Wind geschüttelt und von Stürmen geprüft, aber ihre Wurzeln hielten stand. Sie wusste, dass ihre Sicherheit nicht nur von äußeren Umständen abhing, sondern von ihrer tiefen Verbindung zur Erde und ihrem Vertrauen in ihre eigenen Wurzeln."

Elias lächelte sanft: „Genau wie die Eiche musst auch du deine eigenen Wurzeln stärken, Emilia. Finde Sicherheit nicht nur im Äußeren, sondern in der Gewissheit deiner inneren Stärke. Vertraue deinem eigenen Wachstum und der Verbundenheit mit dem, was dich nährt."

Emilia begriff die Botschaft des Weisen. Ab sofort begann sie, ihre inneren Wurzeln zu pflegen. Sie erkannte, dass wahre Sicherheit in der Verbundenheit mit ihrer Seele, ihren Talenten und Fähigkeiten und dem Vertrauen in ihr eigenes Wachstum lag. Daher stärkte sie jeden Tag ihre Verbindung zur Erde und zu sich selbst und ihren eigenen inneren Halt.

Das Wurzelchakra liegt energetisch in der Mitte des Beckenbodens und wird von der Liebesenergie der Mutter Erde gespeist. Von hier fließt die Energie über die Wirbelsäule in den ganzen Körper und energetisiert alle weiteren Chakren, wenn es harmonisch funktioniert. Von dieser Energie wird jede Zelle deines Körpers mit Liebe erfüllt. Sie sorgt für deine Lebensenergie, Kraft, Dynamik und gleichzeitig Stabilität.

Auf der Gefühlsebene fühlst du dich geliebt, sicher, geborgen und stabil. Du bist gut geerdet und fühlst dich wohl auf der Erde. Du fühlst dich auch genährt und versorgt, mit allem, was du für dein Leben brauchst. Du hast ein gesundes Fülle-Bewusstsein.

Seelisch kommst du vollkommen in deinem Körper an und nimmst deinen Körper in Besitz. Du vertraust dir, deinem Körper und dem Leben. Du gibst ein vollkommenes JA zum Leben. Dein Körper ist das Sprachrohr deiner Seele. Die Körperweisheit wird sich immer melden, wenn es dir seelisch und emotional nicht gut geht.

Ist das Wurzelchakra blockiert spürst du, dass du wenig Energie hast. Du fühlst dich vielleicht überfordert, erschöpft, unsicher, voller Zweifel, im Mangel und nicht stabil. Es kann auch sein, dass du dich in deiner Umgebung unwohl und nicht geliebt und angenommen fühlst. Hier liegen beispielsweise die Ursachen von Anpassung, Helfersyndrom und dem Gefühl, hart arbeiten zu müssen. Auf der emotionalen Ebene wirst du alles dafür tun, Liebe und Anerkennung zu erhalten oder dich sicher zu fühlen. Körperlich kann sich ein Mangel an Energie als Symptome in den Organen des Beckens wie Blase, Gebärmutter und in der Lendenwirbelsäule oder auch im Iliosakralgelenk zeigen.

Mein Bandscheibenvorfall zeigte mir auf allen Ebenen einen Mangel an Energie im Wurzelchakra. Nach der Trennung von meinem Mann und meiner Familie hatte ich mehrere Jahre Probleme im Iliosakralgelenk einhergehend mit Nervenschmerzen. Zu der Zeit musste ich für meinen eigenen Lebensunterhalt sorgen, fühlte mich existenziell bedroht und im Mangel. Ich wusste nicht mehr, wo ich hingehörte und was meine Aufgabe war. Ich fühlte mich unsicher und nicht stabil. Meine Nerven waren damals extrem angespannt, weil ich dachte, ich müsste hart arbeiten, um versorgt zu sein. Die Beschwerden klangen ganz natürlich ab, als ich eine eigene Wohnung hatte, in der ich mich wohlfühlte, und das Vertrauen ins Leben wiedergefunden hatte, dass ich immer gut versorgt bin.

Das Sakral-Chakra für deine Lebenslust

In einer beschaulichen Stadt, in der die Farben des Lebens zu verblassen schienen, lebte ein Mann namens David. Sein Lächeln hatte seinen Glanz verloren, und seine Augen reflektierten die innere Leere, die sich allmählich in ihm ausgebreitet hatte. Gefangen in den Erwartungen anderer, hatte er den Rhythmus seiner eigenen Lebensfreude verloren.

Eines Tages kreuzten sich Davids Wege mit denen von Amara, einer weisen Frau, deren Präsenz eine unerklärliche Wärme und Ruhe ausstrahlte. Ihre Augen trugen die Weisheit eines jahrhundertelangen Lebens. Als David ihr begegnete, spürte er eine unerwartete Resonanz in seinem Inneren.

Amara erkannte die Unruhe in Davids Augen und lächelte sanft. „In dir schlummert etwas Wundervolles, das sich nach Erwachen sehnt", sagte sie leise.

David, überrascht von ihren Worten, öffnete sich ihr und erzählte von seiner verlorenen Lebensfreude und dem Gefühl der Leere, das ihn umgab. Amara nickte verständnisvoll und lud ihn ein, in ihre bescheidene Stätte der Weisheit zu treten. Dort, umgeben von geheimnisvollen Artefakten und leuchtenden Kristallen, begann sie, von vergangenen Zeiten und der Kraft des Sakral-Chakras zu erzählen – dem Zentrum der Lebensfreude und Kreativität.

„Die Lebenslust, die du suchst, liegt in der Entdeckung deiner eigenen Kreativität und Lebendigkeit", sagte Amara sanft. „Finde Freude in den kleinen Momenten des Lebens. Tanze im Regen, lass die Tropfen auf deine Haut prasseln und fühle die Lebendigkeit des Augenblicks.

Spontaneität kann ein Tor zur Freude sein – breche aus deiner Routine aus, fahre unerwartet in den Urlaub, erkunde neue Orte und lasse dich von der Schönheit des Unbekannten berühren."

Sie reichte David einen funkelnden Edelstein und bat ihn, sich darauf zu konzentrieren und tief in sein Inneres zu schauen. In dem Moment, als er seinen Fokus auf den Kristall richtete, spürte er eine Welle von Emotionen, die lange in ihm verborgen waren. Er spürte, dass er nicht dazu da war, sich an die Erwartungen anderer anzupassen, sondern seinen Gefühlen zu folgen. Ein Funke der Lebensfreude erwachte zu neuem Leben.

Amara lächelte ermutigend. „Entdecke deine eigene Kreativität – löse dich von der Meinung und den Erwartungen anderer Menschen. Spiele ein Musikinstrument, male ein Bild oder schreibe Geschichten, die in deinem Herzen schlummern. Lasse deiner Schöpferkraft freien Lauf und finde darin die Freude, die du suchst."

Von diesem Moment an begann David eine Reise zu sich selbst. Mit Amaras Worten im Herzen fand er den Mut, seine Kreativität und Schöpferkraft zu erkunden. Er tanzte im Regen, umarmte die Spontaneität des Lebens, reiste an unerwartete Orte und ließ die Freude in der Musik, der Kunst und den Geschichten wieder aufleben, die er aus seiner Seele erschuf.

Das 2. Chakra liegt circa eine Hand breit unterhalb deines Nabels, außerhalb deines Körpers und wird auch als Nabel- oder Sexual-Chakra benannt.

Wenn das Chakra harmonisch funktioniert, fühlst du dich emotional voller Lust, Lebensfreude und kreativ und reagierst auf alles aus einem Gefühl der Stärke. Du hast Freude am eigenen Körper und wirst dich sexuell völlig ungehemmt und frei ausdrücken. Du kannst deine Kreativität ausleben, hast ständig Ideen, die du verwirklichen willst.

Seelisch lebst du hier das Bedürfnis nach Stimulanz und Antrieb aus. Immer dann, wenn du in Gewohnheiten feststeckst, wirst du über entsprechende Gefühle wie Unzufriedenheit, Langeweile oder der Sehnsucht nach etwas Neuem daran erinnert, weiterzugehen und deine Kreativität auszuleben. Auch das sexuelle Bedürfnis gehört dazu, denn der Fortpflanzungstrieb ist in jedem Menschen angelegt, um Nachkommen zu zeugen und die Evolution zu sichern.

Ist das Chakra blockiert fühlst du mangelnde Lebensfreude, suchst nach Bestätigung und Anerkennung von anderen. Daraus resultiert, dass du dich anpasst, die Bedürfnisse der anderen erfüllst und in einer Opferrolle steckst. Dann geht deine authentische Kraft verloren, weil du Rollen spielst, die dir nicht wirklich entsprechen.

Du schämst dich für deinen Körper und für deine sexuellen Bedürfnisse. Daher kann die Sexualität sich nicht frei entfalten.

Körperlich können sich Symptome in den Beckenorganen zeigen, wie beispielsweise Gebärmuttersenkung, Blasenschwäche und andere Erkrankungen rund um Gebärmutter, Blase und Eierstöcke oder Hoden bei Männern. Hier liegt auch die Ursache von Prostataproblemen bei Männern.

Nach den Geburten meiner Kinder zeigte sich die Blockade meines zweiten Chakras in einer tiefen Depression. Meine Lebensfreude war verschwunden. Ich sah keinen Sinn mehr in meinem Leben, obwohl ich drei gesunde Kinder hatte und äußerlich alles da war, was ich mir jemals gewünscht hatte. Dennoch fühlte ich mich leer. Ich litt damals auch unter Blasenschwäche und Gebärmuttersenkung und sollte sie mit 30 Jahren schon herausoperieren lassen.

Wieder spürte ich, dass ich alternative Wege finden sollte. Es ergab sich, dass mich eine Gymnastiklehrerin auf ein spezielles Beckenbodentraining in der Schweiz hinwies. Da ich mich bereits für Yoga und alle Bewegungsarten interessierte, buchte ich kurzerhand die Ausbildung und flog für ein langes Wochenende in die Schweiz. Das war die beste Entscheidung, die ich treffen konnte. Diese damals neuartige Methode, den Beckenboden von der tiefsten Beckenmuskulatur zu stärken, brachte mir in kurzer Zeit Linderung der Blasenschwäche. Sogar meine Senkungsbeschwerden waren innerhalb eines halben Jahres verschwunden. Ich spürte mehr innere Stabilität. Meine Wirbelsäule profitierte ebenfalls vom täglichen Training. Meine Lebensfreude kehrte zurück.

Ich fühlte in mir viele neue Ideen aufsteigen. Daher entwickelte ich selbständig Gruppenkurse und Seminare, die die Stabilität im Becken und das Training der tiefen Beckenmuskulatur als Thema hatten. Mein

Gynäkologe staunte sehr und wollte wissen, wie ich das geschafft habe. Seither schickte er mir viele Patienten mit ähnlichen Beschwerden, denen ich in Einzelarbeit die Methode erfolgreich vermitteln konnte.

Das Solarplexus-Chakra unterstützt deine Persönlichkeit

Ein König, von unermesslichem Reichtum und Macht gesegnet, doch von innerer Unruhe geplagt, suchte Rat bei der weisen Amara. „Mein Geist ist unruhig, mein Ehrgeiz kennt keine Grenzen, und selbst mit einem mächtigen Reich fühle ich eine unstillbare Leere in meinem Inneren", klagte er.

Amara lächelte sanft und sprach: „Du bist am richtigen Ort. Es gibt eine einfache Lösung: Komm morgen früh um vier Uhr zu mir. Doch vergiss nicht, dein Ego mitzubringen. Ohne es kann ich nichts tun."

Der König war verwirrt: „Was meinst du damit?"

Aber Amara erklärte geduldig: „Genau das, was ich sage. Bringe dein Ego mit, und ich werde ihm ein Ende setzen."

Die Worte von Amara ließen den König nicht los, obwohl er versuchte, seinen Geist zu beruhigen. Trotz seiner Bedenken beschloss er, am nächsten Morgen zu erscheinen.

Als der König Amara traf, fragte sie: „Wo ist dein Ego?"

Der König antwortete: „Es ist etwas, das ich nicht mitbringen kann. Es existiert stets in mir."

Amara lächelte und sagte: „Perfekt. Setz dich, schließe deine Augen und versuche herauszufinden, wo es sich verbirgt. Wenn du es findest, teile es mir mit."

Der König begann zu meditieren, auf der Suche nach seinem Ego in seinem Inneren. Stunden vergingen, die Sonne stieg empor, und plötzlich fühlte er innere Ruhe und eine Freude, die er nie zuvor erlebt hatte. Amara holte ihn nach zwei Stunden aus der Meditation zurück und fragte: „Hast du es gefunden?"

Der König lächelte und sagte: „Ich kann es nicht finden."

Amara lächelte ebenfalls: „Siehst du! Ich habe ihm ein Ende gesetzt. Sollte die Unruhe deines Egos jemals zurückkehren, suche nicht nach Antworten bei anderen. Schließe einfach deine Augen und erkunde dein Inneres, um zu entdecken, dass es dort nicht existiert."

Das 3. Chakra liegt oberhalb des Nabels im Bereich des Nervengeflechts vom Solarplexus. Ihm wird die Farbe Gelb zugeordnet. In diesem Energiezentrum wird viel Lebensenergie gespeichert, was wiederum Einfluss auf den gesamten Organismus hat.

Das Solarplexus-Chakra steht für das Ego, unsere Persönlichkeit. Es symbolisiert unsere nach außen gerichteten Handlungen, unsere Durchsetzungskraft, die Fähigkeit unsere Grenzen zu erkennen und uns nach außen hin abzugrenzen. Hier streben wir danach, unseren Platz im Leben zu finden, erfolgreich im Beruf zu sein und uns zu behaupten. Wir wollen Fülle erfahren, streben nach Statussymbolen und wollen im übertragenen Sinn zufrieden bzw. „satt sein".

Emotional fühlen wir uns hier voller Begeisterung, Durchsetzungskraft und Macht. Wir vertrauen uns und anderen und können unsere Gefühle gut verarbeiten und ausdrücken.

Seelisch leben wir hier das Bedürfnis nach Selbstbestimmung aus. Wir sind unabhängig von der Meinung und Anerkennung anderer und sind integer und offen. Wir wissen in jedem Augenblick, was sich stimmig und richtig anfühlt. Wir übernehmen Verantwortung für alles, was geschieht.

Ist das Chakra blockiert, regiert das Ego. Hier wird für die eigenen Bedürfnisse gekämpft. Wir handeln, ohne an andere zu denken, sind neidisch, misstrauisch und kämpfen uns durch. Das führt zu einem übersteigerten Pflichtgefühl und Karriere um jeden Preis. Die eigenen Bedürfnisse werden ignoriert. Sich nur für äußeren Erfolg einzusetzen, der irgendwann zu Stress und Burnout führt, hat hier seinen Ursprung.

Wir fühlen uns unsicher, können schwer Entscheidungen treffen, wissen nicht, was wir wollen, misstrauen uns und anderen und haben sehr oft Schuldgefühle, weil wir alles auf uns beziehen. Wir suchen die Schuld bei anderen und übernehmen keine Verantwortung für unser Leben. Denken und Fühlen kreisen um uns selbst, oder wir opfern uns für andere auf. Es fällt uns schwer, Gefühle zu verarbeiten. Sie werden oft unterdrückt und verleugnet.

Körperlich können sich hier Probleme rund um den Verdauungstrakt zeigen. Stress-Symptome wie Magenprobleme und -geschwüre, Ess-Störungen, Leber- und Gallenprobleme, Entzündungen der Bauchspeicheldrüse und auch Diabetes haben hier oft ihre Ursachen.

Auch in meinem Leben war mein Solarplexus-Chakra über eine lange Zeit blockiert. Es begann bereits in meiner Kindheit. Ich hatte Ess-Störungen, war viel zu dünn und hatte Verdauungsprobleme. Daher wurde ich mit 9 Jahren zur Kur geschickt, damit ich zunähme. Nach der Grundschule wurde über meinen Kopf bestimmt und auch bei der Berufswahl durfte ich nicht selbst entscheiden. Das führte zu Übergewicht, Verdauungsstörungen und unterdrückten Gefühlen. Ich spielte eine Rolle, passte mich an, erfüllte die Bedürfnisse der anderen und wusste überhaupt nicht, wer ich bin und was ich wollte.

Wenn ich gefragt wurde, was ich fühle, konnte ich das nicht beantworten. Meine Sätze begannen mit: „Ich denke, ich fühle mich ärgerlich …“ Ich hatte lange Zeit keinen Zugang zu meinen Gefühlen. In meiner Familie wurde uns Kindern beigebracht, auf das zu achten, was die anderen dachten. Keiner durfte wissen, wie es uns ging. Das ging nur uns etwas an.

In meiner Arbeit mit meinen Kunden begegnen mir oft Menschen, die das ähnlich erlebt haben. Es ist auf unsere Leistungsgesellschaft zurückzuführen, weil wir eher funktionieren sollten und Gefühle keine Rolle spielten.

Erst wenn das Solarplexus-Chakra frei schwingen kann und die Energien fließen, kann sich das Herz-Chakra öffnen. Ich sehe es als zentrales Thema unserer Gesellschaft an, dieses Chakra in den Fluss zu bringen und das Ego zu überwinden.

Das Herz-Chakra als Zentrum des Ausgleichs

In einer abgeschiedenen Ecke des Landes, wo die Zeit in sanften Wellen zu fließen schien, lebte ein älterer Mann namens Elias. Seine Augen, einst strahlend vor Lebensfreude, spiegelten nun den Schmerz wider, der in seinem Herzen wohnte. Ein unsichtbarer Druck lastete auf seiner Brust, der sein Atmen erschwerte und ihn in den düsteren Schatten der Sorge und des Leids führte.

Elias, von Schmerzen im Herzen geplagt, machte sich auf den beschwerlichen Weg zu Amara, der weisen Heilerin. Sein Schritt war schwer, sein Gesicht von der Last vergangener Leiden gezeichnet. Als er die Schwelle von Amaras Hütte erreichte, hielt er inne, die Hand auf seinem schmerzenden Herzen.

Amara, die den Puls des Universums spürte, trat heraus, um ihn zu empfangen. Ihre Augen erkannten den Leidensweg, den Elias durchlebt hatte. Sie führte ihn behutsam in ihre Stätte der Heilung und bat ihn, Platz zu nehmen. „Mein Herz schmerzt", flüsterte Elias mit einem Hauch von Verzweiflung in der Stimme. „Es fühlt sich an, als ob es eine Last erdrückt. Ich kann kaum atmen."

Amara legte ihre Hand sanft auf seine Brust und schloss für einen Moment die Augen. Sie spürte die Blockaden in seinem Herz-Chakra, die sich wie ein unsichtbares Gefängnis um Elias gelegt hatten. „Die Schmerzen in deinem Herzen sind nicht nur physischer Natur", sprach Amara leise. „Es sind die emotionalen Wunden, die sich über die Jahre angesammelt und in deinem Inneren niedergeschlagen haben."

Sie bat Elias, tief zu atmen und sich auf den Rhythmus seines Atems zu konzentrieren. Sie lehrte ihn, sich zu öffnen, seine Emotionen zuzulassen und die verhärteten Schichten seines Herzens zu lösen. „Öffne dich für die Liebe, die bereits in dir ruht", sprach Amara einfühlsam. „Lass die Macht der Liebe durch dich fließen, um die Blockaden zu lösen und die Heilung zu ermöglichen."

Elias schloss die Augen und ließ Amaras Worte in sein Herz sinken. Er fühlte die Wärme, die von ihrer Hand ausging, und spürte, wie sich die Enge in seiner Brust langsam löste. Ein Gefühl der Erleichterung breitete sich aus, während seine Atmung freier wurde. Amara führte ihn durch Meditationen und Übungen der Selbstliebe. Sie lehrte ihn, sich mit der göttlichen Liebe zu verbinden und die inneren Schmerzen loszulassen. Nach einer Weile öffnete Elias seine Augen. Ein Frieden lag in seinem Blick, der zuvor von Leid gezeichnet war. Die Schmerzen in seiner Brust waren gewichen, und er spürte, wie sein Herz wieder zu pulsieren begann – nicht mehr von Schmerz, sondern von Liebe erfüllt.

„Die Heilung liegt in der Befreiung deines Herzens", sagte Amara mit einem sanften Lächeln. „Lass die Liebe in dich eindringen, erlaube dir, dich selbst zu lieben, und du wirst die Schönheit der Heilung erfahren."

Elias erhob sich langsam. Er fühlte sich, als ob eine unsichtbare Last von seinen Schultern genommen wäre. Sein Herz war weit und frei. Er spürte, wie die Liebe in ihm erwachte. Mit einem Dankesgebet auf den Lippen verließ er Amaras Hütte und trat zurück in die Welt. Sein Herz schlug wieder im Einklang mit dem Universum.

Das Herzchakra liegt an einem besonderen Platz in der Mitte der Brust. Es ist das Mittlere in der Reihe der Sieben und gilt als Zentrum des Ausgleichs zwischen den oberen drei Zentren, die für die spirituellen Aspekte stehen, und den unteren drei, die mehr irdische Kräfte tragen.

Der Pol des Oben, der vom Denken, Urteilen und Kontrollieren getrieben wird, und der Pol des Unten, zu dem die irdischen Begierden, Leidenschaften und Triebe gehören, können hier in Harmonie kommen.

Emotional steht das Herzzentrum für die feineren Gefühle. Fühlen heißt, sich öffnen, sich weiten, spüren, geschehen lassen. Der Brustbereich repräsentiert Weite. Das Herzchakra steht aber auch für das Zentrum der Heilung. Hier aktivieren sich die natürlichen Selbstheilungskräfte, weil die höchste Kraft des Universums wirksam wird: die LIEBE.

Wenn dieses Zentrum geöffnet ist und harmonisch schwingt, sind wir heil in einem umfassenden Sinn. Wir schwingen im Gleichklang zwischen den irdischen und spirituellen Kräften. Hier begegnen sich die Grundenergien, die uns beleben und beseelen. Hier hat die Seele ihren Wohnsitz. Das Licht des Kosmos und die Liebe von Mutter Erde vereinen sich im Herz-Chakra.

Emotional fühlen wir tiefe Liebe zu allem, auch zu uns selbst. Wir sind in Verbindung zur Seele und folgen den inneren Impulsen. Wir sind fähig, reine Liebe zu geben und auch zu empfangen. Die Suche nach der äußeren Liebe und Anerkennung ist beendet, weil wir wahrnehmen, dass wir schon immer Liebe gewesen sind.

Auf der seelischen Ebene finden wir hier das Bedürfnis nach Nähe und Verbindung zur Seele und den göttlichen Kräften. Hier sehnen wir uns nach innerer Verbindung und dem Rückzug von außen, um uns wieder heil und ganz zu fühlen.

Ist das Herz-Chakra blockiert, fühlen wir uns empfindlich, verletzlich, oft auch gleichgültig. Wir haben Angst vor dem Alleinsein, vor Verrat und Betrug. Wir sind unfähig, auf andere einzugehen, können nicht vergeben, sind oft traurig und hängen in der Vergangenheit fest. Wir fühlen uns abhängig von anderen und leiden unter einem Mangel an Selbstliebe und Selbstwert. Zurückweisungen können wir schwer ertragen. Oft verschließen wir unser Herz für andere, weil wir Angst davor haben, noch mehr verletzt zu werden. Wir sind oft unfähig, unsere Gefühle mitzuteilen oder auch wirklich zu fühlen.

Blockaden auf der körperlichen Ebene äußern sich oft in Herzproblemen, Herz-Rhythmus-Störungen, hohem Blutdruck, Kreislauferkrankungen und im schlimmsten Fall Störungen der Herzkranzgefäße und im Blutkreislauf, die bis zum Herzinfarkt führen können.

Nach meiner Nahtod-Erfahrung wandelte sich mein Leben von Grund auf. Ich spürte zuerst noch unbewusst, dass ich in meinem bisherigen Leben eine Rolle eingenommen hatte, die mir nicht entsprach. Mir wurde beigebracht, dass ich als Frau für Kinder und Haushalt zuständig sei und mein Mann für die Ernährung der Familie. Das klassische alte Rollenmodell. Gleichzeitig war ich unendlich dankbar, dass meine Kinder gesund zur Welt gekommen waren. In meiner Mutterrolle ging ich eine Zeit lang voll auf. Doch etwas fehlte. In mir war ein tiefer Urschmerz, der mit der Nahtod-Erfahrung angestoßen wurde. Mein Herz meldete sich immer häufiger mit Herzrasen und einem undefinierbaren Herzstolpern.

Immer wenn ich Einladungen zu Feiern oder auch Festen annahm, bei denen sich viele Menschen trafen, ging es los: Mein Herz raste und stolperte wie wild, ein Gefühl, als ob alle Energie in die Beine gezogen würde. Mir wurde schwindelig und es blieb mir nichts anderes übrig, als mich hinzulegen und die Beine in die Luft zu strecken. Manchmal dauerte so ein Anfall über eine halbe Stunde. Das passierte immer häufiger. Komischerweise meistens, wenn ich eingeladen war. Das ging so weit, dass ich meinen Mann allein zu Geburtstagsfeiern gehen ließ oder auch an Partys und Konzerten nicht mehr teilnahm. Ich schottete mich immer mehr ab von der Außenwelt und war froh, dass ich allein sein konnte und Zeit für mich hatte.

Yoga half mir dabei, mein Herz zu beruhigen. Ich hatte etwas gefunden, was mir „am Herz lag", was „mein Herz erfreute". Etwas, das mir entsprach und wo ich authentisch meine neu entdeckten Fähigkeiten ausleben konnte. Doch in meiner Ehe spürte ich immer öfter, dass auch hier etwas fehlte. Ich veränderte mich mehr und mehr. Wurde authentischer, nabelte mich ab, sorgte mehr für mich und reflektierte meine Bedürfnisse. Ich lernte, nein zu sagen, und funktionierte für mein Umfeld nicht mehr so, wie es das gewohnt war. Ich traute mich, meine Meinung kundzutun, und hörte auf, mich allen anderen anzupassen.

Das war für die anderen befremdlich und unbequem. Mein Mann wusste nicht mehr, woran er war. Er ließ mir meinen Freiraum, doch wurde er misstrauisch und eifersüchtig, wenn ich in die Yoga-Ausbildung oder zu Seminaren fuhr. Ich selbst wäre nie auf die Idee gekommen, etwas mit einem anderen Mann anzufangen. Doch es tat mir sehr weh, dass mein Mann mir nicht vertraute.

Wenn ich von Seminaren nach Hause kam, war es für mich immer wie ein Spagat. Als Yogalehrerin durfte ich authentisch ich sein, zu Hause waren Alltag und Anpassung an der Tagesordnung. Ich fühlte immer deutlicher, dass unsere Wege auseinander gingen. Doch ich wollte es nicht zugeben. Ich hielt aus, der Kinder wegen. Ich hatte ja eine gute Möglichkeit gefunden, meine Fähigkeiten durch Yogakurse auszuleben und trotzdem meiner Rolle als Ehefrau und Mutter gerecht zu werden. Mein Herz spielte einigermaßen mit. Herzrasen hatte ich seltener. Doch es war nicht weg. Es war wie eine unsichtbare Bedrohung immer bei mir.

Endlich fand die vorletzte Yogastunde statt, bevor ich mich mit Yoga in eigenen Räumen selbständig machte. Die Teilnehmer lagen entspannt auf ihren Matten. Da stand ich auf, um die ersten Yoga-Übungen anzuleiten. Plötzlich erfassten mich heftiges Herzrasen, Schwindel und Atem-Not. Ich konnte mich nicht mehr halten und fiel hin. Meine schlimmste Angst wurde wahr. Das Herzrasen erwischte mich vor einer Yogagruppe. Ich konnte es nicht mehr rechtzeitig verbergen. Die Teilnehmer waren entsetzt und jemand wollte den Notarzt rufen. Doch ich wusste ja, wie ich damit umgehen musste. Ich bat um ein Glas Wasser und streckte die Beine in die Luft. Nach ein paar Minuten ging es mir wieder gut. Die Teilnehmer waren erleichtert. Ich auch - doch es war mir sehr peinlich, dass sie mich so schwach gesehen hatten. Daher war die letzte Yogastunde für mich ein Spießrutenlauf. Ich hatte große Angst, dass es wieder passierte. Doch alles ging gut. Es war ein großes Warnzeichen, mehr auf mein Herz zu hören.

Die Vorbereitungen für meine eigene Selbständigkeit liefen auf Hochtouren. Ich hatte eigene Räume gefunden, die ich mit zwei Freunden gemeinsam anmietete. Sie hatten nachmittags Veranstaltungen, meine Yogakurse liefen stattdessen vormittags und abends. Eine gute Kombination. Meine Kurse waren voll und liefen gut. Mein Herz schwieg und ließ mich in Ruhe.

Mein Umfeld und mein Mann waren nicht mit meiner Selbständigkeit einverstanden. Sie ließen mich gewähren, allerdings unter viel Protest. Bei mir stieg die

Nachfrage und ich gab immer mehr Kurse. Ich war froh, wenn ich meiner Freude nachgehen konnte. Meine Kinder waren inzwischen relativ selbständig. Tagsüber war ich für sie da. Abends brachte mein Mann sie zu Bett. Wir hatten uns gut arrangiert.

Doch es kam, wie es kommen musste. Ich hatte eine spirituelle Jahresausbildung gebucht und fuhr regelmäßig nach Bonn. Wir trafen uns zusätzlich an Wochenenden in einer Buddy-Gruppe zum Üben. Dort begegnete ich einem wundervollen Mann. Wir mochten uns, doch ich war verheiratet und wollte keine Affäre. Jetzt spürte ich mein Herz sehr deutlich. Denn immer, wenn wir uns in der Gruppe trafen, schlug mein Herz wie wild. Ich hatte mich verliebt.

Das spürte auch mein Mann, als ich Sonntagsabend nach Hause kam. Er fragte mich, ob ich einen anderen Mann hätte. Ich sagte ihm, dass ich mich in jemand anderen verliebt hätte, jedoch keine Affäre habe. Er glaubte mir nicht. Das war für mich das Ende. Ohne noch lange zu überlegen, rollte ich meinen Koffer zurück zum Auto und verließ meinen Mann. Es kam für alle überraschend. Niemand verstand, warum ich eine gut organisierte Ehe aufgab. Wir waren für die Leute „das Vorzeige-Ehepaar" gewesen.

Damit begann für mich ein neuer Lebensabschnitt. Ich durfte das tun, wofür ich geboren war. Nach einer Weile traute ich mich, meiner Liebe zu diesem anderen Mann nachzugehen. Er war meine große Liebe. Mein Herz-Chakra öffnete sich durch ihn. Ich fühlte, dass die Liebe zu meinem ersten Mann nie so tief gegangen war. Es war anders. Wir hatten uns arrangiert. Es war für mich eher eine tiefe Freundschaft als große Liebe gewesen, als wir heirateten. Trotzdem überstanden wir gemeinsam viele Höhen und Tiefen. Ich bin ihm heute noch unendlich dankbar für unsere gemeinsame Zeit, denn aus unserer Beziehung durfte ich drei wundervollen Wesen das Leben schenken.

Das Hals-Chakra für deine Wahrheit

In einer verschlafenen Stadt, wo die Morgenwinde sanft über die Hügel strichen und die Melodien der Vögel den Tag begrüßten, lebte eine weltbekannte Sängerin namens Isabella. Ihre Stimme hatte einst die Herzen der Menschen berührt, aber nun war sie von Stille umgeben. Ein unsichtbares Band schien ihre Stimme gefangen zu halten, und die Töne, die einst wie fließendes Wasser aus ihr strömten, waren verstummt.

Isabella, von einer unerklärlichen Blockade in ihrem Hals-Chakra geplagt, machte sich auf den Weg zu Amara, der weisen Hüterin der Energien. Ihre Augen, einst strahlend vor Leidenschaft und Ausdruck, spiegelten nun die Leere und Traurigkeit wider, die sie in sich trug.

Als Isabella Amaras abgelegene Stätte erreichte, umhüllte sie ein Hauch von Erwartung und Nervosität. Sie betrat das Heiligtum der Weisen und fand Amara, die inmitten von Kristallen und leuchtenden Farben saß, die im Sonnenlicht glitzerten.

„Meine Stimme ... sie ist verschwunden", flüsterte Isabella mit einem Zittern in der Stimme, das mehr Schmerz verriet, als Worte ausdrücken konnten.

Amara nickte verständnisvoll und bat Isabella, sich hinzusetzen. Sie spürte die blockierten Energien in ihrem Hals-Chakra, die die Quelle ihrer Stille zu sein schienen.

„Das Hals-Chakra ist das Tor der Wahrheit und Kommunikation", begann Amara. „Es ist das Zentrum, das es uns ermöglicht, unsere innersten Gefühle und Gedanken authentisch auszudrücken."

Sie bat Isabella, tief zu atmen und sich auf die Schwingungen ihres Atems zu konzentrieren. Sie lehrte sie, sich der Stille in ihrem Inneren zu öffnen und den Klang der unterdrückten Emotionen zu erkennen.

„Du trägst die Energien aller Chakren in deinem Hals-Chakra", erklärte Amara sanft. „Die Töne des Herzens, die Gedanken des Geistes, die Eingebungen der Seele – alles fließt durch dieses Zentrum."

Sie führte Isabella durch eine Reise ihrer eigenen Gefühle, Gedanken und Empfindungen. Sie ermutigte sie, sich ihrer Wahrheit zu stellen und ihre inneren Blockaden zu lösen. Isabella schloss die Augen und ließ Amaras Worte in ihr Herz sinken. Sie fühlte die Präsenz der Energien, die durch sie hindurchfluteten, und spürte, wie die Barriere in ihrem Hals-Chakra langsam zu erweichen begann. Amara bat sie, ihre Augen zu öffnen. Isabella fühlte einen Klang tief in ihrem Inneren, der sich zu formen begann. Der zarte Hauch einer Melodie, ein Flüstern der Seele.

„Deine Stimme, sie war nie verschwunden", sprach Amara mit einem strahlenden Lächeln. „Sie wartete darauf, dass du dich wieder öffnest, dass du den Klang deiner innersten Wahrheit wiederfindest."

Isabella fand sich langsam wieder, ihre Stimme erklang, zuerst als leises Murmeln, dann als Melodie, die die Stille durchbrach. Die Blockade in ihrem Hals-Chakra begann sich zu lösen, und ihre Worte flossen nun frei.

„Das Hals-Chakra ist der Ausdruck des Göttlichen durch uns", erklärte Amara. „Indem du deine Stimme wiederfindest, lässt du die Liebe und Wahrheit des Universums durch dich hindurchfließen."

Isabella fühlte sich befreit. Ihre Stimme klang wieder mit Leidenschaft und Wahrheit. Sie verließ Amaras Heiligtum, ihr Herz und ihre Kehle erfüllt von einer neuen Offenheit und dem Wissen, dass ihre Stimme nicht nur ihr Eigenes, sondern auch ein Geschenk des Universums war. So kehrte sie in die Welt zurück, bereit, ihre göttliche Melodie mit der Welt zu teilen.

Das Hals-Chakra liegt im Kehlkopfbereich und markiert den Übergang von den oberen zu den unteren Chakren. Es ist das Zentrum der Wahrheit, Offenheit und Kommunikation. Schwingt das Chakra harmonisch können wir unsere Gefühle, innere Wahrnehmungen, Kreativität und körperlichen Empfindungen wahrhaftig ausdrücken.

Das Hals-Chakra transportiert die Energien aller anderen Chakren nach außen, sowohl zärtliche Gefühle des Herzens und Aggressionen aus dem Solarplexus als auch Ängste und Kreativität aus dem Wurzel- und Sakral-Chakra. Aus dem Stirn-Chakra bringt es Gedanken und Ideen zum Ausdruck. Über das Kronen-Chakra gelangen die Eingebungen aus der Meditation und höheren Dimensionen in dein Bewusstsein.

Ist das Hals-Chakra blockiert, kann es sich wie folgt zeigen: Als Angst, seine Meinung zu sagen, als Rückzug bei Konflikten oder, wenn es schwierig wird, am Festhalten an Gefühlen, an blockierter Kommunikation, Begeisterung und Freude, in fehlendem Ausdruck der eigenen Talente sowie mangelndem Selbstwert und Selbstachtung.

Seelisch finden wir im Hals-Chakra die Grundbedürfnisse nach Wachstum, spiritueller Entwicklung und innerer Ausdehnung. Die Aufgabe der spirituellen Entfaltung ist es, das Göttliche durch sich ausdrücken zu lassen. Das bedeutet, dass ich meinen persönlichen Willen dem Göttlichen unterordne.

Als Kind erlebte ich wie beschrieben das klassische Rollenverhalten in meiner Familie. Mein Vater verdiente das Geld für die Familie, also bestimmte er auch alles. Meine Mutter hatte sich um den Haushalt und uns Kinder zu kümmern und musste sich dem Willen meines Vaters unterordnen. Ich war als Mädchen seiner Meinung nach nicht so viel wert wie meine Brüder. Ich hatte den Mund zu halten, durfte meine Meinung nicht sagen und sollte immer auf das achten, was andere dachten, und mich entsprechend benehmen. Keiner durfte wissen, wie es uns geht. Gefühle waren tabu.

Als nach der Grundschule die Entscheidung getroffen werden musste, welche weiterführende Schule ich besuchen sollte, durfte ich nicht aufs Gymnasium, weil mein Vater meinte, dass ich später Kinder bekommen solle und er kein Studium für mich bezahlen würde. Mein Lehrer versuchte damals zu vermitteln, aber leider ohne Erfolg. Ich lernte mich anzupassen, meine Bedürfnisse, Gefühle und eigene Meinung zu unterdrücken.

Ich war jedoch von meinem Naturell her rebellisch und kämpferisch und hatte einen hohen Gerechtigkeitssinn. Das brockte mir damals so manche Strafe ein, doch ich ließ mich nicht unterdrücken. Das passte meinem Vater überhaupt nicht. Ich erinnere mich an manchen Streit, in dem er alles versuchte, damit ich mich unterordnete. So war mein Hals-Chakra damals schon blockiert.

Mein Vater meinte es letztlich gut mit mir. Er wollte, dass ich bestmöglich klarkomme. Sein veraltetes Weltbild ließ keine anderen Reaktionen zu. Ich weiß, dass ich durch das, was ich als Kind erlebte, zu der Person wurde, die ich heute bin. Als ich meinen Seelenplan kennenlernte, konnte ich erkennen, dass meine leidvollen Erlebnisse den Lernaufgaben in meinem Seelenplan entsprachen.

Heute schwingt mein Hals-Chakra harmonisch. Ich bin sehr kreativ, fühle mich selbstbestimmt und verbunden mit meiner Seele. Ich habe mich von den Meinungen anderer gelöst, kenne meine Bedürfnisse und kann sie mir erfüllen. Ich fühle mich in meinem Ausdruck frei und habe Zugang zu meiner Intuition.

Das Stirn-Chakra als Zugang zur göttlichen Weisheit

In einer Welt, die von einem ständigen Strom gedanklicher Fluten umgeben war, lebte ein Mann namens Ethan. Sein Geist war gefangen in einem endlosen Karussell von Fragen und Zweifeln. Seine Seele sehnte sich nach Ruhe, doch sie irrte rastlos in den Wogen der Gedanken umher.

Ethan, von einem unaussprechlichen Unbehagen geplagt, machte sich auf den beschwerlichen Weg zu Amara, der Hüterin der inneren Stille. Seine Augen reflektierten das Flackern des chaotischen Gedankenmeers, während sein Herz nach einem Halt inmitten des Sturms suchte.

Als Ethan Amaras heilige Stätte erreichte, fand er sie umgeben von Kristallen, die im sanften Licht schimmerten, und in einer Aura der transzendentalen Ruhe. Die Tiefe ihrer Augen trug die Weisheit eines unendlichen Universums. Ihre Präsenz strahlte göttliche Gelassenheit aus.

„Mein Geist ist wie gefesselt, wie ein Gefangener des unendlichen Gedankenlabyrinths", sprach

Ethan mit leiser Verzweiflung. „Ich kann keine Ruhe finden. Mein Inneres ist ein tobender Sturm von Gedanken, den ich nicht zu bändigen vermag."

Amara lächelte sanft und bat Ethan, sich hinzusetzen. Sie spürte die Wirbelstürme in seinem Verstand, die ihn gefangen hielten und seine Seele umtobten.

„Die Wirren deines Geistes verhindern den Blick auf die Weite des Universums", begann Amara einfühlsam. Sanft legte Amara einen klaren Kristall auf Ethans Stirn. Energie durchströmte ihn und öffnete langsam seinen Blick in die unendlichen Weiten des Universums.

„Schließe deine Augen und lasse den Kristall sprechen", flüsterte Amara. „Fühle die Ruhe, die Weite und die Klarheit, die jenseits der Gedanken existieren."

Ethan gehorchte und schloss die Augen. Die Welt um ihn herum verblasste, und er fühlte, wie sich eine beruhigende Stille in seinem Inneren ausbreitete. Eine Welle von Eindrücken strömte auf ihn ein, und er spürte, wie sich die Grenzen seines Verstandes auflösten. Plötzlich öffnete sich ein Fenster zu den Sternen, eine Vision von grenzenloser Klarheit und Inspiration. Er sah die unendlichen Möglichkeiten des Universums und fühlte die tiefe Verbindung zu allem, was existiert.

Als Ethan die Augen wieder öffnete, lag ein Frieden in seinem Blick, der zuvor von Unruhe gezeichnet war. Die Stürme der Gedanken hatten sich beruhigt, und er sah die Welt nicht mehr durch den Schleier des Verstandes, sondern durch die klare Linse der Intuition.

„Die Stille ist der Wegweiser zur Weisheit des Universums", sprach Amara mit einem Lächeln. „In der Stille deines Verstandes wirst du die Antworten auf deine Fragen finden."

Ethan verließ Amaras Heiligtum. Sein Geist und seine Seele waren erfüllt von neuer Gelassenheit und dem Wissen, dass jenseits der Gedanken die grenzenlose Weite der Intuition und des göttlichen Wissens wartet. So kehrte er zurück, bereit, die Ruhe seines Inneren als Kompass für sein Leben zu nutzen.

Das Stirn-Chakra liegt in der Mitte der Stirn, zwischen den Augenbrauen. Hier entstehen energetisch die göttlichen Ideen. Die Polarität hat hier ihren Ursprung. Die Einheit teilt sich in zwei Hälften. Sichtbar wird das in uns Menschen in unserem Körper. Wir haben zwei Augen, Ohren, Nasenlöcher, Arme, Beine und auch einige Organe sind doppelt. Weiter haben wir zwei Körperseiten, die unterschiedlich spürbar sind. Wir funktionieren über die beiden Pole Becken und Kopf, vorne und hinten.

Hier ist unsere Intuition zu Hause, der Zugang zum göttlichen Wissen und Weisheit. In traditionellen Zeichnungen, auf denen die Chakren abgebildet sind, sieht man, wie sich dort zwei Schlangen treffen.

Das ist die bildliche Darstellung der zwei gegensätzlichen Energiebahnen, die sich vom Wurzel-Chakra ausgehend im Stirn-Chakra treffen und vereinen. Sie werden IDA und PINGALA genannt und stehen für die beiden Pole von Sonne und Mond oder männlich und weiblich.

Es geht im Stirn-Chakra darum, die Polarität zu überwinden. In der Ruhe und Stille uns unserer göttlichen Natur bewusst zu werden. Im Sanskrit heißt dieses Zentrum AJNA, was so viel bedeutet wie „Befehl" oder „von oben empfangenem Auftrag". Es ist Zentrum unseres Denkens und unserer Geistes- und Erkenntnisfunktionen. Von hier aus werden die unteren fünf Chakren gesteuert, erhalten ihre Weisungen. Hier werden die Ergebnisse, der fünf Sinnesfunktionen, wie Riechen, Schmecken, Sehen, Fühlen und Hören verarbeitet. Unser Denken ist somit zunächst an die fünf Sinne gebunden. Die Aufgabe ist, dieses Sinn-gebundene Denken als Illusion zu erkennen und unser Bewusstsein zu erweitern. Vom eigenen Denkbewusstsein zum universellen

Schöpfungsbewusstsein aufzusteigen. Dies erreichen wir, wenn wir innerlich völlig zur Ruhe kommen und uns für das göttliche Bewusstsein öffnen.

Das seelische Bedürfnis von Selbstverwirklichung kommt hier ins Bewusstsein. Wir möchten das tun, was uns Freude macht und leichtfällt. Wir haben ein tiefes Bedürfnis danach, mit unseren naturgegebenen Fähigkeiten einen Beitrag für das Wohl des Ganzen zu leisten. Darin finden wir unsere Erfüllung.

Ist das Chakra blockiert fühlen wir uns von der Intuition getrennt. Der Kopf regiert. Wir neigen dazu zu analysieren und die Gefühle zu unterdrücken, sind oft unfähig uns der Wahrheit zu stellen und können uns schwer für die göttliche Liebe öffnen. Meistens verleugnen wir auch die Spiritualität und sind rational unterwegs. Wir brauchen für alles Beweise. Wir denken nur an uns selbst, andere Menschen sind uns egal und wir suchen unseren eigenen Vorteil. Oder wir sind abhängig von anderen, passen uns an, ordnen uns unter und opfern uns auf, weil wir nicht wissen, wer wir selbst sind. Wir geben uns für andere auf.

Bis zu meiner Nahtod-Erfahrung wusste ich nicht, wer ich bin. Ich war auf mein Umfeld fixiert. Ich wusste genau, was jeder braucht, und war bemüht, dass es allen gut geht. Ich hatte keine eigene Meinung. Wenn man mich fragte: „Was meinst du dazu?“, gab ich eine ausweichende Antwort. Ich wollte, dass mich alle mögen, und nicht anecken. Ich tat das, was alle tun. Ich passte mich an, ordnete mich unter und wurde von vielen Menschen ausgenutzt.

Nachdem ich in der Nahtod-Erfahrung unmittelbaren Zugang zu meiner Seele erfahren hatte, wurde alles anders. Ich brachte zwar meine drei Kinder zur Welt und funktionierte noch eine ganze Weile so, wie es von mir erwartet wurde, doch innerlich fühlte ich mich ausgebrannt und leer. Ich wusste: Ich lebe eine Lüge. Alles, was vorher so wichtig für mich gewesen war, hatte plötzlich seine

Bedeutung verloren. Meine Gefühle konnte ich zwar eine Zeit lang unterdrücken, doch mein Körper wurde kränker und zeigte mir, dass ich meine Wahrheit leben sollte.

Durch den Tod einer lieben Freundin fiel ich in eine tiefe Depression. Wir hatten uns im Krankenhaus kennengelernt, als wir beide wegen meiner Risikoschwangerschaft monatelang in einem gemeinsamen Zimmer verbrachten. Sie musste wegen schweren Asthmas permanent überwacht werden. Drei Wochen vor meiner Entbindung gebar sie ihren Sohn. Seitdem trafen wir uns regelmäßig. Auch unsere Kinder mochten sich.

Eines Morgens schlug ich die Zeitung auf und las dort ihre Todesanzeige. Sie war ganz plötzlich an einem Asthmaanfall gestorben. Ich war geschockt. Das durfte nicht wahr sein. Ich hatte in ihr eine Seelenschwester gefunden und war untröstlich, als sie tot war. Es war, als ob man mir mein Herz aus der Brust gerissen hätte. So schmerzhaft fühlte es sich an. Als es sie nicht mehr gab, wollte auch ich sterben. Ich wollte dahin zurück, wo ich in der Nahtod-Erfahrung schon gewesen war. Nichts gab mir mehr Sinn. Ich verbrachte tagelang im Bett. Meine Kinder wurden von anderen versorgt. Das bestätigte mir zusätzlich, dass ich nicht gebraucht wurde. Ich wollte einfach nicht mehr leben.

Mein Mann und mein Umfeld redeten mir gut zu. Sie rieten mir, etwas zu finden, an dem ich Freude hätte. Doch lange Zeit konnte ich das nicht annehmen.

Dann las ich in der Zeitung von einem Yoga-Seminar. Yoga holte mich aus der Depression zurück ins Leben. Diese Krise sorgte dafür, dass ich mehr auf meine innere Stimme hörte und meiner Seele wieder Aufmerksamkeit schenkte. Meine Seele bekam Aufwind.

Das Kronen-Chakra für deine Verbindung mit dem Kosmos

In einem Königreich, wo die Schatten der Vergänglichkeit den Palast umhüllten, regierte ein König, der von einer unaussprechlichen Sehnsucht erfüllt war. Er sprach: „Ich habe die Welt in ihrer Pracht gesehen, doch das Antlitz Gottes blieb mir verborgen. Ich möchte ihn sehen!"

Der König befahl seinen Weisen, Priestern und Ratgebern, ihm Gott nahezubringen. Die Strafen für das Misslingen waren drakonisch, und die Frist betrug nur drei Tage. Als die Zeit verstrichen war, rief der König die Weisen und Priester zu sich, doch sie schwiegen. Der König war zornig und drohte mit strengen Strafen. Da trat Amara in einfachen Gewändern aus dem Schatten hervor. „Erlaubt mir, oh König, Euren Wunsch zu erfüllen."

Der König warnte sie vor den Konsequenzen, aber Amara führte den König zu einem Platz und wies auf die aufgehende Sonne.

„Schaut hin!", sprach sie. Der König hob sein Haupt, aber das blendende Licht zwang ihn, die Augen zu schließen. Verärgert sprach er, dass er sein Augenlicht verlieren könne.

Amara erklärte: „Die Sonne ist nur ein Hauch der göttlichen Pracht. Mit schwachen Augen kann man Gott nicht sehen. Sucht ihn mit anderen Augen."

Der König fand Interesse an ihren Worten. „Was war vor Gott?" fragte er.

Amara antwortete: „Beginnt zu zählen, aber nicht mit eins. Was kommt vor eins?"

Der König war verwirrt. „Vor eins gibt es nichts“, gestand er.

„Genau“, bestätigte Amara. „Auch vor Gott gibt es nichts.“

Beeindruckt von ihren Worten, fragte der König: „Was tut Gott?“

Amara bat um einen ungewöhnlichen Tausch ihrer Gewänder. Der König willigte ein und tauschte seine prächtigen Kleider mit den einfachen Gewändern von Amara. Amara hob das Zepter und zeigte auf den König, der in ihren Gewändern an den Thronstufen stand: „Seht! So handelt Gott. Die einen hebt er auf den Thron, die anderen führt er hinab.“

Nach dem Tausch erkannte der König die Wahrheit in Amaras Worten. „Jetzt erkenne ich Gott!“, rief er aus.

Amara verließ, in ihren eigenen Kleidern, den Palast. Der König aber stand dort, erfüllt von Erkenntnis, während die Worte von Amara in seinem Herzen widerhallten. Plötzlich erkannte er die göttliche Präsenz in jedem Winkel seines Reiches und in den Menschen um ihn herum. Es war Amara, die ihm den Weg zur Erkenntnis gezeigt hatte.

Das Kronen-Chakra befindet sich in der Mitte des Kopfes. In diesem Chakra gibt es keine Blockaden oder disharmonischen Funktionen. Es kann nur mehr oder weniger geöffnet sein. Hier sind wir verbunden mit der Lichtenergie des Kosmos und erhalten unsere Grundenergie.

Sind alle anderen Chakren ebenfalls in Harmonie, fühlen wir uns verbunden mit allem. Wir erfahren uns in Gemeinschaft und wissen, dass wir alle eins sind. Wir leben im Gleichklang mit allem und sorgen für die Erde mit all ihren Lebensformen, weil wir uns als Gemeinschaft erfahren. Wir sind mit dem göttlichen Willen verbunden und leben aus der Intuition. Die Trennung ist aufgehoben und wir erleben uns als eins mit allem. Unser Bewusstsein ist weit geöffnet und wir haben Zugang zu allen Dimensionen. Wir erhalten Informationen aus dem Wissen und der Weisheit des Universums, leben im Moment und erfahren uns als reines Sein.

Ist das Kronen-Chakra weniger geöffnet, fühlen wir uns abgeschnitten und getrennt. Viele Ängste breiten sich aus, wir sind unsicher und ziellos. Unser Leben fühlt sich sinnlos an und vielleicht haben wir eine unbändige Angst vor dem Tod. Wir flüchten uns in äußere Aktivitäten oder sind frustriert und depressiv. Alle Disharmonien der unteren Chakren können sich hier zeigen: Unsicherheit, Gleichgültigkeit, Machthunger, Arroganz, Feindseligkeit der Welt und den Menschen gegenüber, Unwahrheit und die Leugnung der höheren Kraft.

Das seelische Grundbedürfnis ist hier „Erfüllung und Vollendung". Es ergibt sich aus den vorhergehenden Bedürfnissen. Wenn du Verbindung zu deiner Seele hast, wirst du immer wieder wachsen, lernen und erfahren wollen. Du sorgst dafür, dass deine Seele sich durch dich selbst verwirklicht. Damit erfüllst du deinen tiefsten Sinn und fühlst dich entsprechend erfüllt. Die höchste Vollendung ist, wenn du deine Seelenaufgabe kennst, sie erfüllst und das Göttliche in allem und jedem erkennst.

Diese Gnade durfte ich während meiner Nahtod-Erfahrung erleben. Während meine Seele losgelöst von meinem Körper im Licht schwebte, konnte ich wahrnehmen, dass alles eins und die Trennung eine Illusion ist. Dort gab es keine Bewertungen, alles floss ineinander über. Es war einfach eine Flut an Bildern, die mich erreichten und mich tiefe Verbundenheit erleben ließen. Ich reiste durch Zeit und Raum. Alles war von Licht erfüllt, warm und hell. Es ist mit Worten nicht zu beschreiben, doch dort fühlte ich, dass es zwischen mir und Gott keine Trennung gab.

Manchmal, wenn ich am Meer sitze und die Wellen beobachte, erlebe ich auch hier ein Gefühl von tiefer Einheit und Verbundenheit. Ich fühle mich eins mit den Wellen, dem Wind, der Sonne und der Erde, auf der ich sitze. Es ist wie ein erweiterter Bewusstseinszustand, in dem sich alles irgendwie auflöst und doch vorhanden ist.

Tiefe Liebe und höchstes Glück macht sich in mir breit. Dann komme ich immer ganz aufgetankt und glücklich wieder nach Hause.

Wie kann Energie beeinflusst werden?

Wenn du dich von dem Gedanken löst, dass du nur Körper bist, und dich darauf besinnst, dass du Seele und Energie bist, ist der nächste wichtige Schritt, dafür zu sorgen, dass deine Energie einer hohen Schwingung entspricht. Dies führt auf Dauer dazu, dass dein Energiefeld und die Chakren durchlässig werden und die Energie im Fluss ist.

Blockaden und körperliche Symptome entstehen, wenn die Energie, die von den Chakren aufgenommen wird, dem Körper nicht ausreichend weitergeleitet werden kann. Deine Chakren nehmen jegliche Energie auf und transportieren sie weiter. Mit diesem Wissen kannst du dein Energiefeld bewusst beobachten und schon im Voraus Störungen wahrnehmen und beheben.

Es ist ebenfalls wichtig, dass es energetische Grundgesetze gibt. Werden sie beachtet, sorgt das dauerhaft dafür, dass du dich in deinem Körper vital, gesund und wohl fühlst. Im Folgenden führe ich die vier wichtigsten Prinzipien aus.

Alles ist Energie.

Materie ist zunächst aus Energie entstanden. Alles, was existiert, ist in seiner Grundform Energie, wenn du die kleinsten Bauteile betrachtest. Egal ob Stein, Pflanze, Tier oder Mensch - in allem wirkt diese Energie.

Mit der Kirlian-Fotografie kann anschaulich gemacht werden, dass sogar Steine ein Energiefeld haben, das permanent schwingt. Daraus folgt die nächste Gesetzmäßigkeit.

Energie schwingt in unterschiedlichen Frequenzen und ist immer in Bewegung.

Sogar Gedanken und Gefühle sind Energien. Sie geben dir Aufschluss über die Qualität deiner Energie. Hier erhältst du auch Informationen darüber, ob du deiner Seele folgst. Wenn deine Gefühle positiv sind, dann kannst du sicher sein, dass du dem Weg deiner Seele folgst. Du fühlst dich wohl, freudvoll, glücklich, friedvoll und erfüllt. Dies sind alles hoch schwingende Gefühle.

Fühlst du Angst, Zweifel, Zorn, Ärger oder Unzufriedenheit schwingen deine Gefühle in einer niedrigen Frequenz. Du verlierst immer mehr deiner Energie, bis es irgendwann zu körperlichen Symptomen kommt und du krank wirst.

Energie folgt der Aufmerksamkeit.

Kannst du dir vorstellen, was es für dein Leben bedeutet, wenn du dir angewöhnst zu beobachten, wohin deine Energie geht?

Am einfachsten kannst du es anhand eines Wasserglases verstehen. Wie denkst du darüber, wenn es zur Hälfte gefüllt ist? Ist es halb voll? Oder ist es halb leer?

Mit deinen Gedanken bestimmst du, wie du dich damit fühlst. Wenn es halb voll ist, bist du in einem Fülle-Gefühl. Du hegst einen positiven Gedanken, der zu einem guten Gefühl führt. Du fühlst dich wohl, glücklich und zufrieden. Denn du hast ja Wasser.

Siehst du das Glas als halb leer, bist du in einem Mangel-Gefühl. Vielleicht denkst du, dass es bald kein Wasser mehr gibt, und hast Angst, es zu verlieren. Du wirst genau das erleben.

Du bestimmst mit deinen Gedanken und Gefühlen, was du erlebst. Denn sie bewirken, dass sich Energie in Materie verwandelt und so in deine Realität tritt. Du erschaffst mit deinen Gedanken und Gefühlen dein Leben. Du kannst deine Energie also bewusst beeinflussen, indem du beobachtest, was du gerade denkst und fühlst.

Energie kann nicht verloren gehen, sie wandelt nur ihre Form.

Dieses Gesetz habe ich durch meine Nahtod-Erfahrung eindrücklich erlebt. Meine Seele schwebte über meinem Körper. In diesem Moment war er tot. Doch meine Energie existierte weiterhin. Als man mich wiederbelebte, kam die Energie in meinen Körper zurück.

An Wasser kannst du ebenfalls erkennen, dass Energie seine Form wechselt, wenn es beispielsweise gefroren wird. Es nimmt eine andere Form an. Wenn du das Wasser großer Hitze aussetzt, verdampft es und wird in einer Wolke gesammelt, die sich irgendwann wieder als Regen entleert. Auch hier wechselt das Wasser seine Form.

Diese Beispiele verdeutlichen, dass Energie nicht verloren geht und nur seine Form wechselt. Diese Erkenntnis, war für mich ein wahres Aha-Erlebnis und hat dem Tod, den jeder Mensch irgendwann erleben wird, eine neue Bedeutung gegeben. Ich erkannte, dass meine Energie in Form meiner Seele weiter existieren wird, auch wenn mein Körper wieder zu Materie wird. Mir wurde klar, dass ich mich mit allen Seelen und Wesen im Universum verbinden kann.

Ich hatte als Kind eine sehr enge Beziehung zu meinem Opa. Als er plötzlich an einem Hirnschlag verstarb, war ich untröstlich. Doch ich kann mich an eine Nacht erinnern, in der ich wach wurde, als er neben meinem Bett stand und mir tröstend über den Kopf strich. Er versprach mir, dass er immer bei mir sein werde. Ich bräuchte ihn nur zu rufen. Heute weiß ich, dass es die Energie seiner Seele war, die erschienen war und mir Trost spendete.

Übungen, wie du deine Energie verändern kannst

Hier stelle ich dir einige Übungen vor, die du in deinen Alltag integrieren kannst. Diese Übungen sind für mich zu wohltuenden Ritualen geworden.

Übung 1: Einstimmung auf den Tag

Bevor du morgens aus dem Bett steigst, nimm dir noch zwei Minuten Zeit, um dich energetisch auf den Tag einzustimmen. Überlege dir, in welcher Qualität du den Tag erleben willst und bedanke dich im Voraus dafür.

Eine Formulierung könnte sein: „Danke, liebes Universum, für den Tag voller Freude, Leichtigkeit und harmonischen, liebevollen Begegnungen. Danke, dass du meinen Tag führst."

Übung 2: Energie wahrnehmen

Während des Alltags halte immer mal wieder einige Atemzüge lang inne. Nimm bewusst deine Umgebung wahr. Frage dich: „Was denke ich gerade? Wie fühle ich mich?"

Wenn du spürst, dass deine Gedanken gerade nicht sehr positiv sind, frage dich, wofür du gerade dankbar sein kannst. Die Ausrichtung auf Dankbarkeit hebt deine Energie sofort wieder an.

Übung 3: Energie auftanken

Wenn du eine Pause machst und dir circa zehn Minuten Zeit nehmen kannst, nimm bewusst deine Energie wahr. Stell dir die Frage: „Wieviel Energie habe ich gerade auf einer Skala von 1 bis 10?“ Wenn sie im unteren Bereich liegt, schließe kurz die Augen. Atme Licht und Liebe in dein Herz ein und aus. Fülle deinen Herz-Raum mit Licht und Liebe.

Wenn du spürst, dass dein Herz gut gefüllt ist, lass sich die Energie in jeder Zelle deines Körpers und weiter in dein Energiefeld rund um dich herum ausbreiten. Atme einfach weiter und dehne dein Energiefeld aus. Nach vorne und hinten, nach rechts und links, nach oben und unten. Bis du das Gefühl hast, du stehst in einer großen Energiekugel voller Licht und Liebe, die dich einhüllt. Bitte darum, dass diese Energiekugel weiterhin bestehen bleibt.

Übung 4: Energetische Reinigung

Reflektiere, bevor du abends schlafen gehst, den Tag.

Wie hast du den Tag erlebt?

Entsprach der Tag deinen morgendlichen Wünschen?

Konntest du deine Energie halten? Danach mache noch eine energetische Reinigung.

Schließ deine Augen. Richte deine Aufmerksamkeit auf dein Energiefeld. Bitte deine Seele mit einem kosmischen Duschstrahl deine Aura von allem zu reinigen, was nicht zu dir gehört. Stell dir dabei vor, wie du unter der Dusche stehst und der warme Wasserstrahl dich reinigt und deine Energie gleichzeitig wieder mit Licht und Liebe auffüllt. Bitte deine Seele, dass sie dich in der Nacht in ihren liebevollen Armen hält, du tief und erholsam schläfst und aufgeladen aufwachst.

Warum eine höhere Schwingung hilfreich ist

Es gibt viele Gründe, warum es gut ist, in einer hohen Energie zu sein. Allein, wenn du in guten Gefühlen bist und sich deine Gedanken deinen Gefühlen anpassen, nimmst du dein Leben anders wahr. Auch dein Körper profitiert von der hohen Schwingung, weil du mehr Lebensenergie zur Verfügung hast. Du fühlst dich wohl, gesund, vital und sprühst vor Kraft.

Wenn du höher schwingst, fällt es dir leichter, dich mit der göttlichen Energiequelle zu verbinden. Aus dieser Quelle erhältst du bei Herausforderungen über deine Intuition schneller Lösungen, die dein Verstand nicht kennt. Mit einer höheren Schwingung wird auch dein Gehirn beeinflusst. Denn es muss sich dieser höheren Energie anpassen und sie für den Körper verfügbar machen. Das passiert über deine Nervenzellen im Gehirn. Sie sind verantwortlich dafür, alle Reize, die vom Körper, der Außenwelt und auch dem universellen Energiefeld kommen, zu verarbeiten. Stell dir Nervenzellen vor wie Antennen, die Reize empfangen und sie weiterleiten. Dein Körper reagiert auf die Botschaften deiner Nervenzellen. Wenn du in einer höheren Schwingung bist, kann sich dein Bewusstsein erweitern. Damit wird deine Intuition klarer. Die Botschaften deiner Seele sind deutlicher wahrzunehmen. Du hast Zugriff auf das göttliche Feld der Weisheit und des Wissens.

Im Sinne der Evolution entwickeln wir uns als Menschen immer weiter. Wir halten heute viel mehr möglich als noch vor 10 Jahren. Allein die rasante technologische Entwicklung zeigt sehr deutlich, was sich bereits alles verändert hat. Für mich ist dies auch ein Hinweis darauf, was für den Menschen noch alles möglich ist. Nimm das

Internet als Beispiel. Wir erhalten heute jegliche Informationen, die jemals zusammengetragen wurde. Die künstliche Intelligenz ist auf dem Vormarsch. Wir bekommen auf Knopfdruck Antworten auf sämtliche Fragen und automatisieren viele Vorgänge, die wir früher mühsam selbst erarbeiten mussten.

Jetzt übertrag das mal auf die menschliche Entwicklung. Dein Gehirn ist wie ein lebendiger Computer, der Informationen verarbeitet. Es wird behauptet, dass wir bis jetzt nur 10 Prozent unserer Gehirnkapazität nutzen. Was wäre, wenn unser Gehirn nur darauf wartet, dass wir unsere Energie erhöhen und somit unser lebendiger Computer zu viel mehr fähig ist, als wir bis jetzt wissen?

Das ist für mich der nächste Schritt in der Evolution: Dass jeder Mensch in seiner höchsten Energie, die kosmisch zur Verfügung steht, sein Bewusstsein erweitert und aus dem göttlichen Feld Botschaften, Ideen, Informationen und Lösungen abrufen kann. Der Verstand wird an die zweite Stelle treten. Die göttliche Intuition wird uns auf die nächste Stufe der menschlichen Evolution bringen.

Für mich stellt sich damit die Frage: Was ist mit einer höheren Schwingung noch alles möglich, was wir bis jetzt nicht mal ansatzweise erahnen können?

Antworten im universellen Feld der Akasha-Chronik

Der Begriff Akasha kommt aus dem Sanskrit. Er wird in der Yoga-Philosophie und im Ayurveda verwendet und steht für Himmel, den unendlichen Raum und das sechste Element, den Äther, aus dem Materie entsteht.[10]

In einem erweiterten Bewusstseinszustand, der einer tiefen Meditation gleicht, oder auch in Augenblicken der tiefen Seelenverbindung ist es möglich, Zugriff auf das Weltengedächtnis, genannt Akasha-Chronik, zu erhalten. Hier verschwinden Zeit und Raum und du erhältst Antworten auf jegliche Fragen oder bekommst Einblick in Ursachen, die bereits im Ahnenfeld entstanden sind. Du kannst in vergangene Leben reisen oder auch in deine entfernte Zukunft und dir anschauen, was deine Seele bewirken will und wer du sein wirst.

Während meiner Nahtod-Erfahrung wurde mir ein Einblick sowohl in meine Vergangenheit als auch in meine Zukunft gewährt. Damals konnte ich das nicht verstehen. Heute weiß ich um die tieferen Zusammenhänge und lese selbst in der Akasha-Chronik oder in energetischen Feldern.

Das, was wir über Zeit und Raum gelernt haben, ist damit hinfällig. Im Akasha-Raum gibt es keine Vergangenheit oder Zukunft, alles existiert parallel. Deine Seele hat sich in dieser Zeit und in diesem Körper inkarniert. Aus unserem Verständnis heraus, hat sie jedoch schon viele andere Körper besessen und in früheren Epochen gelebt. Für mich ist der Begriff „Früher“ nicht mehr

---

10 „Akasha-Chronik – Dein Schlüssel zum universellen Buch des Lebens: Entfalte die Kraft deiner Seele und erfahre Liebe, Erfüllung und Heilung“ von Linda Howe

passend. Es fühlt sich für mich an, als ob diese Leben gleichzeitig passieren und Seelenanteile sich in anderen Körpern und Welten erfahren.

Das Beispiel einer Fernseh-Wand in einem Elektrofachgeschäft erklärt es sehr gut. Stell dir vor, du siehst in diesem Geschäft eine Wand mit 20 Fernsehern. Es kann sein, dass alle das gleiche Programm zeigen. Ich gehe zu einem Fernseher, nehme die Fernbedienung und schaue mir ein anderes Programm an. Ich kann zu jedem anderen Fernseher gehen und andere Programme anschauen, sodass schließlich auf der Wand 20 unterschiedliche Sendungen gezeigt werden. So ist es auch mit einem erweiterten Bewusstsein möglich, sich unterschiedliche Leben gleichzeitig anzuschauen. Wenn es beispielsweise in einer Familie eine Gewohnheit gibt, Verstrickungen, Glaubenssätze oder auch Krankheiten, kann ich hier die Ursache erfahren.

In Familiensystemen werden oft Muster von den Ahnen übernommen. Nehmen wir das Beispiel, das ich selbst erfahren habe: Aus Sicht meiner Eltern sollte ich als Mädchen irgendwann heiraten, Kinder bekommen und für die Erziehung und den Haushalt verantwortlich sein. So war meine Mutter noch aufgewachsen. Sie hatte keinen Beruf erlernt. Auch mein Vater hatte das alte Weltbild fest verinnerlicht. Deswegen wollte er nicht, dass ich nach Abschluss der Grundschule zum Gymnasium wechselte. Das sind kollektiv übernommene Muster, unter denen viele Frauen heute noch leiden. Sie fühlen sich aus irgendeinem Grund wertlos, trauen sich nicht sichtbar zu sein und zu ihrer Meinung zu stehen. Sie passen sich an, leben nicht ihr eigenes Leben, sondern erfüllen die familiären Erwartungen. Dies führt oft zu unguten Gefühlen bis zur Depression oder auch anderen Krankheiten.

Es ist möglich, die Ursache im Akasha-Feld zu sehen, weil sie beispielsweise von den Ahnen weitergegeben wurde. Wenn die Ursache im Akasha-Feld gefunden wird, kann sie energetisch gelöst werden. Oft löst sich dann nicht nur das körperliche Symptom, sondern auch das eigene Verhaltensmuster kann leicht, ohne Widerstand des Umfelds, verändert werden. Ich habe schon oft erlebt, dass Frauen, die mit diversen Symptomen zu mir kamen, große Erleichterung bis zu Schmerzfreiheit erfuhren, wenn wir diese übernommenen Muster im Akasha-Feld angeschaut, die Ursache herausgefunden und gelöst haben.

Genauso ist es möglich, Antworten auf jegliche Fragen im universellen Feld zu bekommen. Viele Genies und Erfinder haben ihre Informationen nicht vom Verstand erhalten, sondern aus ihrer Intuition. Sie erhielten in erweiterten Bewusstseinszuständen Visionen, die zu bahnbrechenden Erfindungen führten. Menschen wie Albert Einstein oder Steve Jobs sind dafür die besten Beispiele.

Ich freue mich auf die Zeit, wenn jeder Mensch wieder Zugang zu seinem Seelenbewusstsein und damit auch zu seiner Intuition hat. Die Trennung zwischen Innen- und Außenwelt ist im erweiterten Bewusstsein aufgehoben. Die Menschen werden sich wieder bewusst, dass sie alle miteinander verbunden sind und jeder seinen Beitrag für das Wohlergehen des Planeten und füreinander leistet.

Dieses erweiterte Bewusstsein folgt kosmischen Gesetzmäßigkeiten, die der Wahrheit und Liebe entsprechen. Jeder Mensch, der sich für ein Leben aus der Seele öffnet, wird über sich hinauswachsen und sich wohler, gesünder und glücklicher fühlen.

Amara, die weise Hüterin und Heilerin, lebte inmitten der Natur an einem von majestätischen Bäumen umsäumten Teich. Sie wurde von den Kreaturen des Teiches aufgesucht, um Rat und Heilung zu erhalten. Eines Tages kamen eine neugierige Libellenlarve und ein selbstbewusster Blutegel zu Amara.

Die Libellenlarve, von einem unerklärlichen Drang nach oben erfüllt, erzählte: „Ich verspüre stets den unwiderstehlichen Wunsch nach oben, um neue Luft zu schöpfen. Ich sah sogar einen hellen Schein und seltsame Schatten über der Wasseroberfläche. Doch ich kann nicht erkennen, was darüber liegt. Ich möchte es so gern wissen!"

Der Blutegel, ein Realist, krümmte sich vor Lachen: „Fantasiere nicht, kleine Libelle! Es gibt nichts über diesem Teich außer Illusionen. Die Welt ist der Teich, und der Teich ist die Welt. Alles, was zählt, ist das, was ich fühlen und berühren kann."

Aber die Libellenlarve ließ sich nicht entmutigen. „Ich habe den Lichtschein gesehen und Schatten wahrgenommen", beharrte sie.

Amara, die ruhig zugehört hatte, sprach sanft: „Manchmal reichen unsere eigenen Sinne nicht aus, um die Wahrheit zu erkennen. Die Welt, wie wir sie sehen, ist nur ein kleiner Teil des Ganzen. Es gibt mehr, als unsere Augen wahrnehmen können."

Die Libellenlarve war unbeirrbar. Voller Mut wagte sie sich aus dem Wasser und streckte sich empor. Ihre Flügel entfalteten sich, und strahlendes Sonnenlicht umhüllte sie. Sie erhob sich über den Teich und schwebte glänzend und frei in den blauen Himmel davon.

Der Blutegel, überrascht von dem Anblick, erkannte die Wahrheit in der Beharrlichkeit der Libellenlarve. Amara lächelte sanft und sprach: „Manchmal liegt die Wahrheit jenseits dessen, was wir mit unseren Händen greifen können. Die Wahrheit liegt im Mut, über das Bekannte hinauszuschreiten und dem Ruf der Seele zu folgen."

Die Libellenlarve, nun eine strahlende Libelle, erfüllt von der Weite des Himmels und der Unendlichkeit des Seins, hatte bewiesen, dass jenseits der Grenzen des Teiches eine Welt des Ungesehenen und Ungreifbaren wartet.

4) Emotionale Intelligenz

Gefühle sind dein Kompass

Der englische Begriff „Emotion" drückt es genau so aus: Energy in Motion. Gefühle sind starke Motoren für unsere Handlungen. Sie motivieren uns, mehr von dem zu tun, was sich gut anfühlt, und das zu unterlassen, was sich schlecht anfühlt. Gefühle beeinflussen in entscheidendem Maß die Grundfrequenz, in der wir unseren Alltag erleben. Das kann sich leicht oder schwer, hell oder dunkel, angenehm oder unangenehm, gedrückt oder frei anfühlen. Gefühle sind der Wegweiser deiner Seele. An deinen Gefühlen kannst du erkennen, ob du in deiner Seelenspur gehst oder deinem Ego folgst. Sie zeigen dir den Weg für ein erfülltes, gesundes und glückliches Leben.

Gehst du den richtigen Weg, nehmen deine positiven Gefühle langfristig zu. Du wirst dich immer positiver, freudvoller und erfüllter fühlen. Bewegst du dich in die falsche Richtung, verrätst deine inneren Bedürfnisse und eigenen Werte, verdichten sich die unangenehmen Gefühle. Du wirst eventuell unruhig, bekommst Schmerzen, wirst wütend, traurig, frustriert, vielleicht sogar depressiv.

Daraus lässt sich ableiten: Deine Selbstverwirklichung bestimmt deine emotionale Grundfrequenz und umgekehrt. Je mehr du deine Bedürfnisse erfüllst, deine Werte kennst und lebst und deiner Wahrheit folgst, desto erfüllter und glücklicher fühlt sich dein Leben an. Du folgst der Liebe und Wahrheit deiner Seele. Auf deinem Seelenweg der Selbstverwirklichung ist es hilfreich, deine Gefühle achtsam wahrzunehmen. Damit entwickelst du deine emotionale Intelligenz, die ein Bestandteil deiner ganzheitlichen Intelligenz ist.

In den ehrwürdigen Hallen ihres Heiligtums saß Amara, die weise Hüterin der Seele, inmitten eines warmen, knisternden Feuers, das den Raum mit sanftem Licht erfüllte. Ein älterer Mann trat ein, von den Dämonen des Ärgers, der Wut und der ständigen inneren Schlacht geplagt. Sein Gesicht trug die Spuren eines lebenslangen Kampfes.

Nachdem er die flackernden Flammen eine Weile still betrachtet hatte, brach Amara das Schweigen: „Kennst du das Gefühl, mein Freund, als würden in unserem Inneren zwei Mächte miteinander ringen? Eine ist die Quelle von Mitgefühl und Liebe, während die andere wie ein Dämon den Sturm von Ärger, Wut und Krieg entfacht."

„Und welche der beiden wird letztendlich den Sieg in deinem Herzen erringen?" fragte der Mann mit einem Hauch von Hoffnung in der Stimme.

„Jene, die wir pflegen und nähren", antwortete Amara bedächtig.

Oft lehnen wir unangenehme Gefühle ab und möchten sie gern vermeiden oder bekämpfen sie: Schmerz, Wut, Trauer, Angst, Leere. Es kann jedoch auch sein, dass wir Angst vor zu viel Nähe und Liebe oder unserer eigenen Kraft und Größe haben. Wir lenken uns ab, um diese Gefühle nicht fühlen zu müssen. Daraus können Süchte entstehen. Hier sind einige Süchte, die uns meistens nicht bewusst sind:

Musik-Sucht, Fernseh-Sucht, Arbeits-Sucht, Ess-Sucht, Helfer-Sucht, Spiel-Sucht, Streit-Sucht, Zigaretten-Sucht, Jammer-Sucht, Grübel-Sucht, Sport-Sucht …

Kennst du einige davon? Welche kommen dir bekannt vor?

Weiterhin kann es sein, dass wir uns in negativen oder dunklen Gefühlen aufhalten, weil wir uns daran gewöhnt haben. In der Außenwelt werden negative Gefühle von Medien, Nachrichten und Internet gefördert. Es wird mehr über Katastrophen und Horror-Szenarien berichtet als über positive Situationen. Das fördert kollektiv die unguten Gefühle. Es ist jedoch gut zu wissen, dass dunkle Gefühle die Tendenz haben, sich in positive, gute, leichtere Schwingungen zu verwandeln.

Übungen, um negative Gefühle zu drehen

Hier sind zwei Übungen, die dir helfen, aus dem ungesunden Kreislauf der dunklen Gefühle auszusteigen:

Übung 1: Stelle dir Fragen

- In welche Gefühle rutschst du schnell hinein?
- Welche Gefühle bekämpfst du manchmal?
- Was tust du, um sie zu vermeiden?
- Welche Gefühle willst du unbedingt festhalten?
- Mit welcher Situation verbindest du deine Gefühle?

Zum Beispiel:

Wenn ich mein leeres Bankkonto ansehe, löst es Angst in mir aus. Wenn mein Partner etwas Bestimmtes tut, löst es Wut in mir aus. Wenn ich morgens zur Arbeit fahre, löst es Unlust in mir aus.

Wenn es dir gelingt, die Gefühle zu benennen und sie konkret zu fühlen, wirst du etwas Magisches erleben. Gefühle sind wie kleine Kinder. Sie möchten deine Aufmerksamkeit. Schickst du sie immer weg, werden sie immer lästiger. Gelingt es dir, deine Gefühle im Moment wahrzunehmen und auch zu fühlen, verwandeln sie sich in positive, höhere Schwingungen.

Vielleicht kennst du die befreiende Wirkung von Trauer? Wenn du so traurig bist, dass dir zum Weinen zumute ist, und du das einfach geschehen lässt, fühlt es sich befreiend und reinigend an.

Genauso verhält es sich mit Wut. Vielen Menschen wurde beigebracht, dass Wut und Ärger schlecht sind. Wir haben gelernt, diese Gefühle erfolgreich zu unterdrücken. Doch Wut hat eine transformierende Kraft. Der Schlüssel ist, dieses Gefühl nicht nach außen zu leiten und etwas zu zerstören, sondern in diesem Gefühl zu bleiben, ohne etwas damit zu machen. Du wirst wahrnehmen, wie sich ganz tief unter der Wut weitere Gefühle zeigen. Auch diese gilt es zu fühlen, bis zu ihrem Kern. Irgendwann verändern sie sich in höher schwingende Gefühle, wie Frieden, Liebe, Glück oder Verbundenheit. Das ursprüngliche Gefühl hat sich verwandelt. Daraus kannst du die Kraft ziehen, etwas zu verändern, wovor du vielleicht schon lange Angst hattest.

Übung 2: Dein Körper als Resonanzfeld für emotionale Intelligenz

Mach es dir zur Gewohnheit im Alltag immer mal wieder die Empfindungen deines Körpers und auch dein emotionales Energiefeld achtsam wahrzunehmen.

Frage dich:

- Was fühle ich gerade?
- Wie würde ich dieses Gefühl beschreiben?
- Wo im Körper spüre ich es am intensivsten?

Indem du wahrnimmst, was du gerade fühlst, gibst du deinen Gefühlen die Möglichkeit, sich zu entspannen und in höhere Schwingungen zu verwandeln.

Übung 3: Nutze deine emotionale Intelligenz

Spüre deine Gefühle im Körper. Wo nimmst du sie besonders intensiv wahr? Das neutrale Beobachten der Gefühle in deinem Körper hilft dir, im Moment zu bleiben.

Nimm deine Gefühle an. Sei offen für ihre Erfahrung. Akzeptiere sie. Lerne sie zu fühlen, ohne sie auszuleben oder wegzudrücken. Beispiel: Wenn du ärgerlich über eine Situation bist, dann beklage dich nicht und jammere, sondern beobachte, dass du dich ärgerst. Nimm dir die Zeit, den Ärger zu fühlen. Sei im Ärger.

Versteh deine Gefühle. Untersuche sie, verstehe ihre Botschaft und tauche ein in die Wurzel des Gefühls. In den meisten starken Gefühlen verbergen sich oft alte, noch nicht verarbeitete Erfahrungen.

Deine Gefühle wirklich wahrzunehmen das ist die hohe Kunst. Frage dich immer wieder, ob du bereit bist, das Gefühl wirklich zu erfahren. Wenn du es bis zum Ende durch-fühlst, wirst du dich immer wohler, freier und erfüllter fühlen. Weil du deine Wahrheit lebst und dir erlaubst, DU SELBST zu sein.

Deine Bedürfnisse lösen Gefühle aus

Es gibt bestimmte Grundbedürfnisse, die im Gehirn, insbesondere im limbischen System, gespeichert sind. Dort wird dafür gesorgt, dass sie erfüllt werden. Auf diese Weise steuern sie deine Gefühle und täglichen Handlungen, ohne dass es dir bewusst ist. Wenn du schon einmal versucht hast, dein Gewicht zu reduzieren und abzunehmen, kennst du sicherlich die folgende Situation. Du hast dir vorgenommen, auf Süßigkeiten zu verzichten und dich täglich zu bewegen. Vielleicht hältst du das zwei Tage durch, doch am dritten Tag kannst du nicht anders. Es regnet, der Tag ist Grau in Grau, und du findest vielerlei Gründe, warum du jetzt nicht früh aufstehst, dich in deine Jogging-Klamotten schwingst und deine Runde läufst.

Genauso geht es dir beim Frühstück. Das Croissant im Brotkorb lässt das Wasser im Mund zusammenlaufen und du wirfst all deine Vorsätze über den Haufen. Du nimmst das Croissant, verwöhnst dich noch mit leckerer Marmelade und isst es gierig auf. Das ist jetzt vielleicht ein überzogenes Beispiel und wahrscheinlich hast du bereits deine Essgewohnheiten auf gesunde Nahrung umgestellt. Dann beziehe es auf andere hinderliche Gewohnheiten.

Auf der Ebene der Bedürfniserforschung erkennst du dich hier als ferngesteuert, weil es wahrscheinlich in deinem Leben einen Mangel an „Süße des Lebens“, an Genuss und Anreiz gibt. Dieser Mangel lässt dich auf eine Ersatzbefriedigung ausweichen! Du holst dir die Stimulanz über das Essen.

Wenn die Grundbedürfnisse über eine längere Zeit nicht befriedigt werden, dann wirst du durch bestimmte Gefühle dazu gedrängt, sie dir wieder zu erfüllen. Das ist wie ein Automatismus, gegen den du nichts machen kannst. Daher tust du gut daran, deine Grundbedürfnisse regelmäßig zu erforschen und dafür Sorge zu tragen, dass sie auch erfüllt werden.

Körperliche Bedürfnisse sind:

- Atmen
- Essen und Trinken
- Wasserlassen und Stuhlgang

- Bewegung
- ausreichend Schlaf
- Wärme und Kälteschutz
- Sauberkeit und Hygiene

Überlege dir, welche Gefühle entstehen, wenn die obigen Grundbedürfnisse nicht erfüllt sind. Welches Gefühl erlebst du zum Beispiel, wenn dein Atem nicht fließen kann? Luftnot, Enge, vielleicht wirst du sogar ohnmächtig? Panik, denn es geht hier um dein Überleben.

Welches Gefühl entsteht, wenn du etwas essen oder trinken solltest? Hunger und Durst. Du spürst körperlich, dass hier Bedürfnisse erfüllt werden wollen. Dies gilt auch für emotionale Bedürfnisse.

Emotionale Bedürfnisse sind:

- Stabilität, Sicherheit, Gleichgewicht
- Anreiz, Antrieb, Stimulanz
- Selbstbestimmung, Dominanz, Macht

1. Stabilität/Sicherheit/Gleichgewicht:

Für mich gehören zu diesem Oberbegriff Attribute und Werte wie Halt, Geborgenheit, Familie, Verlässlichkeit, Vertrauen, Natur, Heimat, Moral, Disziplin oder Fleiß. Wenn diese Bedürfnisse über einen längeren Zeitraum unerfüllt bleiben, stellen sich entsprechende Gefühle ein, wie Unsicherheit, Angst, Panik, Existenzangst, Verlustgefühle.

2. Anreiz/Antrieb/Stimulanz:

Für mich bedeuten diese Begriffe die Sehnsucht nach Abwechslung, Spaß, Flexibilität, Genuss, Träumen, Lernen, Sinnlichkeit, Geselligkeit, Kreativität, Spontanität,

Abenteuer, Neugier, Fantasie, Humor, Leichtigkeit und Veränderung.

Diese Sehnsucht nach Stimulanz, Anreiz und Antrieb ist fest in uns angelegt, weil unser ganzes Wesen sonst stagnieren würde. Nichts ist schlimmer für einen Menschen, als wenn sein Geist und Körper nicht mehr herausgefordert werden! Ist dieses Bedürfnis unerfüllt, stellen sich Gefühle von Unzufriedenheit, Traurigkeit, Ohnmacht, Depression, Ausweglosigkeit, Starrheit, Dogmatismus, Wut, Zorn etc. ein.

3. Selbstbestimmung/ Dominanz und Macht:

Diese Worte drücken für mich Folgendes aus:

Verantwortung für mich zu übernehmen, eigenständig meine Entscheidungen treffen zu können, meine eigene Meinung zu vertreten und meine Bedürfnisse zu kommunizieren. Sie veranlassen mich auch, meine Werte zu definieren und sie zu leben. Ich erkenne, was für mich wichtig ist, und höre auf, mich anzupassen und unterzuordnen. Ich assoziiere damit, meinen Weg zu finden und ihn konsequent zu gehen, meine eigenen Talente und Fähigkeiten zu erkennen, sie wertzuschätzen, sie zu entfalten und sie so zu feilen, dass ich sie in Meisterschaft und Exzellenz umsetzen kann. Wenn ich mich machtvoll fühlen kann, schenkt es mir Selbstbewusstsein und Selbstsicherheit. Ich bin eigenständig, entscheidungsfreudig, mutig und stolz auf das, was ich selbst bin und erreiche. Ich fühle mich frei, machtvoll und zufrieden. Wenn dieses Bedürfnis hingegen unerfüllt ist, dann fühle ich mich hilflos und ohnmächtig, ängstlich, gefangen, fremdbestimmt und ausgebremst.

Seelische Bedürfnisse sind:

- Nähe, Verbindung
- Wachstum, Entwicklung, Ausdehnung
- Selbstverwirklichung, Unterstützen, Geben, Dienen
- Sinnfindung und Sinnerfüllung

Die seelischen Bedürfnisse beeinflussen und steuern ebenfalls unsere Gedanken, Gefühle und Handlungen. Sie sind immer mit den emotionalen Bedürfnissen gekoppelt. Außerdem finden wir sie auf der energetischen Ebene wieder, wenn wir uns die Attribute der Chakren anschauen. Diese sind:

1. Nähe und Verbindung:

Sie sind mit den emotionalen Bedürfnissen Stabilität und Sicherheit gekoppelt und entsprechen den Attributen des Wurzel-Chakras.

2. Wachstum, Entwicklung, Ausdehnung:

Sie werden dem Bedürfnis nach Anreiz zugeordnet und gehören zum Sakral-Chakra.

3. Selbstverwirklichung, Unterstützen, Geben und Dienen:

Sie drücken das Bedürfnis nach Selbstbestimmung und Dominanz aus. Wir finden sie energetisch im Solarplexus-Chakra.

4. Sinnfindung und Sinnerfüllung:

Sie entsprechen unseren tiefsten seelischen Bedürfnissen. Wir finden sie in den oberen Chakren, wie Hals-, Stirn- und Kronen-Chakra.

Definiere für dich die verschiedenen Bedürfnisse:

- Was bedeuten die Begriffe für dich?
- Was brauchst du, damit die einzelnen Bedürfnisse erfüllt sind?
- Wie fühlst du dich, wenn sie nicht erfüllt sind?

Wenn du das für jedes einzelne Bedürfnis beantwortest, hast du eine gute Grundlage, um immer wieder zu reflektieren, welches Bedürfnis gerade Erfüllung braucht, wenn du dich unwohl fühlst.

Kläre deine Werte

Wenn du dem Weg deiner Seele folgst, wirst du deine Grundbedürfnisse wahrnehmen und lernen, wie du sie dir erfüllst. Das hebt deine Gefühle auf eine höhere Schwingung von Wohlgefühl, Glück und Erfüllt-Sein. Bedürfnisse sind fest in unserem Körper installiert. Wir kommen nicht drumherum, sie zu erfüllen. Werte liegen etwas mehr an der Oberfläche und beeinflussen entscheidend unser Handeln. Werte werden dir bereits in der Kindheit von deinem Umfeld vermittelt. Es sind die Lebensregeln, die für deine Eltern, Lehrer, Freunde und der Kultur, in der du lebst, wichtig sind. Wenn du erwachsen bist und dein Umfeld wechselst, wird es nötig sein, deine Werte zu überprüfen und neu zu definieren, wie du deine Werte leben willst. Deine Werte sind, genau wie deine Bedürfnisse, wichtige Anhaltspunkte, die dir helfen, der Wahrheit deiner Seele zu folgen.

Wenn du herausfinden willst, welche Werte du lebst bzw. leben willst, stell dir die Frage: „Was ist für mich wertvoll?“ Das herauszufinden, hilft dir in allen Lebenssituationen schnell festzustellen, ob die Umstände dich stärken oder schwächen. Wenn du unklar über deine Werte bist, bringt es dich öfter in Situationen, die dir nicht guttun und deine Seele schwächen.

Wenn du deine Werte überprüfst, ist es wichtig zu unterscheiden, nach welchen Werten du gern leben würdest und nach welchen Werten du tatsächlich lebst. Je größer der Unterschied ist, desto geringer wird dein Selbstwertgefühl sein. Deshalb ist es so wichtig, seine Werte regelmäßig zu überprüfen, weil wir oft von unserem Umfeld Werte übernehmen, die für unser Wachstum nicht dienlich sind.

Für meine Eltern war Sicherheit ein sehr hoher Wert. Sie haben alles dafür getan, sich sicher zu fühlen. Es war ihnen wichtig zu sparen, Geld für ihr Alter zurückzulegen, viele Versicherungen abzuschließen für den Fall der Fälle.

Sie haben bis zu ihrer Rente alles Geld zurückgelegt und sich kaum mal etwas gegönnt. Für sie war Arbeiten daher sehr wichtig. Urlaub war hingegen unnötiger Luxus, genauso wie Theaterbesuche, Essen gehen, Museumsbesuche oder Weiterbildungen. Das Geld sollte aus ihrer Sicht nicht für solch unnötigen Dinge ausgegeben werden. Zu ihrem Sicherheitsgefühl gehörte auch, dass sie in ihrem Umfeld gut dastehen und in ihrer Gemeinschaft ein gutes Vorbild waren. Mein Vater war Geschäftsmann und die Meinung des Umfeldes war ihm sehr wichtig. Alle in meiner Familie taten alles dafür, sich anzupassen, nicht aufzufallen oder anzuecken. Das gab ihnen ein gutes Sicherheitsgefühl.

Auch mir ist Sicherheit wichtig, doch genauso wichtig ist mir, etwas Neues kennenzulernen, in fremde Länder zu reisen, mich weiterzubilden, Bücher zu lesen, Kultur in jeglicher Form kennenzulernen. Für mein Business habe ich viel Geld in Aus- und Weiterbildungen ausgegeben. Meine Eltern konnten das nicht verstehen und haben mich oft dafür kritisiert. Sie waren zufrieden mit ihrem Leben und haben Abenteuer eher über den Fernseher erlebt als in der realen Welt. Denn das war ihnen zu unsicher.

Als ich mich mit meinen Werten beschäftigte, fand ich heraus, dass mein Sicherheitsbedürfnis kleiner ist als der Wert von Freiheit, Abenteuer und Abwechslung. Also musste ich das für mich korrigieren. Weiter erkannte ich, dass jeder Mensch eine eigene Sichtweise und Interpretation seiner Werte hat. Ich lebe den Wert Sicherheit anders als meine Eltern und interpretiere ihn auch anders. Auch bei dem Wert Ehrlichkeit habe ich Unterschiede zu der Sichtweise meiner Eltern erkannt. Sie haben mir vermittelt, dass Ehrlichkeit in gewissem Maß wichtig ist, doch nach außen haben sie sich anders verhalten und eine Rolle gespielt. Niemand durfte wissen, was in unserer Familie ablief, oder wenn es uns nicht gut ging, sowohl gesundheitlich als auch finanziell. Meine Eltern wollten nicht, dass das nach außen drang. Ich lernte, mich zurückzuhalten, wenig über mich und meine Familie zu sprechen. Für mich bedeutet Ehrlichkeit, dass mein Inneres transparent ist. Ich will mich authentisch und ehrlich zeigen und mich nicht anpassen und verbiegen. Auch hier habe ich meine Werte dahingehend neu interpretiert und mein Verhalten verändert.

In einem Seminar habe ich sehr eindrücklich erfahren, wie unterschiedlich die Interpretation der Werte sein kann. In einer Gruppe von 10 Personen sollten wir Werte wie Sicherheit, Liebe, Ehre, Freiheit oder Abenteuer für uns definieren. Jede Person formulierte das anders und setzte auch andere Prioritäten. Das fand ich damals sehr interessant und hat mir gezeigt, dass es gut ist, die Menschen danach zu fragen, was die Werte für sie konkret bedeuten und warum sie für sie wichtig und wertvoll sind. Damit können viele Missverständnisse und Konflikte vermieden werden. Wenn du die Wahrheit deiner Seele leben willst, dann sollten deine Wunschwerte mit dem übereinstimmen, wie du dich verhältst und wie du lebst.

Werte sind innere Motivatoren und wirken sich auf unser Verhalten aus. Mit Hilfe von Werten beurteilen wir, was gut oder schlecht, richtig oder falsch, angenehm oder unangenehm, angemessen oder unangemessen ist. Sie sind starke Prinzipien, an denen wir uns orientieren. Sie prägen unsere Überzeugungen, Glaubenssätze und Denkmuster. Werte werden in der frühen Kindheit in uns angelegt, indem wir durch Imitation die Verhaltensweisen unserer Eltern übernehmen. Dann auch in Kindergarten und Schule, wo wir uns an den Lehrern, Gruppen und Freunden orientieren. Wenn wir einen Beruf erlernen oder eine Partnerschaft eingehen, werden wir auch hier neue Werte übernehmen, weil uns die Zugehörigkeit und Anerkennung der neuen Bezugspersonen wichtig ist.

Beispiele für Werte:

Auf Sicherheit bedacht: Besitz, Geld, Sparsamkeit, Pünktlichkeit, Ruhm, Status, Ehre, Stolz, Macht, Durchsetzung, Geborgenheit, Sicherheit, Heimat, Nostalgie, Leistung, Effizienz, Ehrgeiz, Fleiß, Ordnung, Gerechtigkeit, Gehorsamkeit, Sauberkeit, Verlässlichkeit, Tradition, Gesundheit, Qualität, Sparsamkeit, Moral, Pflicht, Logik, Präzision, Ehrgeiz, Funktionalität, Hygiene, Askese, Ansehen, Wahrheit, Ehrlichkeit

Auf Genuss und Fantasie bezogen: Lust, Leichtigkeit, Toleranz, Offenheit, Humor, Spaß, Neugier, Fantasie, Träumen, Sinnlichkeit, Geselligkeit, Natur, Herzlichkeit, Vertrauen, Freundschaft, Familie, Anerkennung, Attraktivität, Aussehen, Ausstrahlung, Begeisterung, Spiritualität, Vertrauen, Stille, Kunst, Lebensfreude, Genuss

Abenteuer betont: Reisen, Wissensdurst, Risikofreude, Heldentum, Rebellion, Mut, Autonomie, Abwechslung, Kreativität, Individualismus, Extravaganz, Siege, Kampf, Impulsivität, Aktivität, Freiheit, Freizeit, Vision, Unabhängigkeit, Toleranz

Die Aufzählung ist nicht abgeschlossen. Sicherlich findest du weitere Werte, die für dich stimmig sind. Doch wie findest du die Werte für dich heraus? Stell dir folgende Fragen:

- Was für dich in den letzten zwei Jahren Priorität hatte. Welche Pläne, Aktivitäten oder Vorhaben hast du verwirklicht?
- Warum hast du das gemacht? Was hast du davon gehabt?
- Was war dir daran wichtig?

Du kannst dir auch anschauen, was in deinem Umfeld wichtig war, um deine früheren Werte herauszufinden. Dann gleiche es damit ab, was dir heute wichtig ist.

In Gruppen oder auch Familien können sich Wertekonflikte zeigen, die zu Missverständnissen oder Streit führen. In meiner Ehe mit meinem ersten Mann habe ich mich zunächst seinen Werten angepasst. Er war sehr sicherheitsbetont und lebte die Werte wie Sicherheit, Fleiß, Pflichtbewusstsein, Gehorsamkeit, Ansehen, Tradition. Das hatte für mich einige Zeit gepasst, doch nach meiner Nahtod-Erfahrung veränderte sich das schlagartig. Mir wurde bewusst, wie schnell das Leben vorbei sein kann, und ich wollte noch vieles erleben. Ich war neugierig und wissensdurstig, ich wollte reisen und Neues ausprobieren. Mir waren eher die abenteuer-betonten Werte wichtig.

Nach meiner Yogalehrer-Ausbildung wollte ich mich mit meiner Yogaschule selbständig machen. Das bedeutete, ein finanzielles Risiko einzugehen. Das war für meinen Mann eine große Herausforderung. Er wollte mich lieber angepasst und in Sicherheit haben. Er war nicht damit einverstanden. Auch meine Eltern und Schwiegereltern wollten es mir ausreden. Es gelang mir jedoch, das Vorhaben auf eigenes Risiko zu realisieren. Unsere Meinungsverschiedenheiten und Konflikte blieben. Auf Dauer konnte das nicht funktionieren.

Mein Körper spiegelte mir mit vielen Erkrankungen, dass ich meine Bedürfnisse und Werte nicht im Einklang mit meiner Wahrheit lebte. Der Höhepunkt war, dass ich einen Knoten in der Brust bemerkte. Ich hatte große Angst vor der Diagnose Brustkrebs, denn meine Mutter musste sich bereits zwei Brüste operieren lassen und hatte entsprechende Therapien hinter sich. Eine befreundete Heilpraktikerin half mir zu erkennen, dass ich mich ständig zurücknehme, mich anpasse und verbiege. Ich versuchte das im bestehenden System zu verändern, doch es war sehr schwierig, die eingefahrenen Gewohnheiten und Routinen zu verlassen. So kam es zur Trennung, als ich von einem Seminar zurückkam und mir Unehrlichkeit vorgeworfen wurde. Das war der Tropfen, der das Fass zum Überlaufen brachte. Das Leben half mir damit, mich aus der Unstimmigkeit und angepassten Lebensweise zu befreien.

Durch meine Reflektion und Persönlichkeitsentfaltung habe ich immer wieder die Symptome meines Körpers hinterfragt und hinderliche Muster und Gewohnheiten erkannt. Besonders als ich meine Bedürfnisse und Werte klar definierte und sie auch lebte, fühlte ich mich wohler, gesünder und im Einklang mit meiner Seele.

Übung für deinen Wertekompass

Um deine Werte herauszufinden, nutze die Werteliste, die du dir über den diesen QR-Code herunterladen kannst.[11]

Sicherlich entsprechen dir einige aus dieser Liste. Finde die 20 für dich wichtigsten Werte heraus und schreibe sie auf einen neuen Zettel. Aus diesen 20 Werten

[11] https://mariadieste.com/der-ruf-deiner-seele-buchunterlagen/

suche dir erneut die 10 wichtigsten Werte heraus. Schreibe sie wieder auf eine neue Seite. Dann reduziere die 10 auf die 5 wichtigsten Werte. Danach definiere für dich diese 5 Werte. Was bedeuten sie für dich? Wie lebst du sie? Bist du mit den Personen zusammen, denen diese 5 Werte ebenfalls wichtig sind?

Nimm dir die Zeit, die Werte mit deinem Umfeld abzugleichen. Das kann deine aktuelle Familie sein, deine Arbeitskollegen, Kunden, Freunde, Bekannte. Lass dir erzählen, welche Werte sie haben und wie sie die definieren. Wenn du mit Menschen in Kontakt bist, die deine Werte teilen, wird sich dein Leben freudvoller, zufriedener und glücklicher gestalten und auch die Konflikte im Zusammenleben werden weniger werden.

5) Wie du wahrhaftig leben kannst

In den ruhigen Gefilden von Lumaria lebte eine Frau namens Susanna. Sie war ein Schatten in der Welt, ihre Talente und Fähigkeiten verborgen unter einem Schleier der Unsicherheit. Tief in ihrem Herzen glaubte Susanna, dass sie nicht gut genug war, um sich der Welt zu zeigen. Man hatte ihr ständig gesagt, dass sie sich im Hintergrund halten solle. Dieser Glaube hielt sie zurück, ließ sie sich im Schatten verbergen.

Eines Tages, als Susanna am Ufer des klaren Sees saß und ihre Gedanken in die Ferne schweiften, erschien eine strahlende Gestalt neben ihr. Es war Amara, die Weise, eine Erscheinung von unvergleichlicher Schönheit und Klarheit.

„Susanna", sprach Amara sie mit sanfter Stimme an. „Deine Talente und Fähigkeiten sind ein Geschenk, das die Welt braucht. Du darfst dich nicht mehr zurückhalten und im Verborgenen bleiben."

Verwundert hob Susanna ihren Blick und sah Amara an, ihre Augen voller Zweifel und Unsicherheit. Amara lächelte und begann, Susanna ihre Talente aufzuzeigen. Sie führte Susanna durch Erinnerungen und Momente aus ihrem Leben, in denen sie mit Leichtigkeit und Anmut Dinge vollbracht hatte, die andere bewunderten. Zögernd ließ Susanna die Erinnerungen zu und langsam begann ein Funken von Verständnis und Akzeptanz in ihrem Inneren zu leuchten.

Vielleicht war da mehr in ihr als nur ihre Unscheinbarkeit, Wertlosigkeit und Selbstzweifel.

In den folgenden Tagen half Amara Susanna, ihre Gedanken zu lenken und ihre Talente anzuerkennen. Sie zeigte ihr, wie sie ihre Fähigkeiten mit der Welt teilen konnte, ohne sich selbst zurückzuhalten. Mit jedem Tag wuchs Susannas Selbstvertrauen. Immer öfter begann sie, sich der Welt zu zeigen, ihre Talente zu nutzen und ihre Träume zu verfolgen.

Als die Menschen in Lumaria begannen, ihre Talente zu erkennen und zu würdigen, erkannte auch Susanna die Wahrheit: Sie war nie „nicht gut genug" gewesen. Sie war immer gut genug, und sie durfte sich der Welt in ihrer vollen Pracht zeigen. Und so wurde Susanna zu einem strahlenden Licht in Lumaria, einem Beweis dafür, dass man, wenn man an sich selbst glaubt, alles erreichen kann.

Jeder Mensch, der hier auf der Erde lebt, ist Seele und hat diesen Körper, um Erfahrungen zu machen. Die göttliche Energie kann sich nur über einen menschlichen Körper ausdrücken und erfahren. Die göttliche Energie schwingt in deinem Körper in einer bestimmten Frequenz, die durch dein Bewusstsein und deine Gedanken, Gefühle, Bedürfnisse, Werte und Vorstellungsbilder in Bewegung gesetzt wird.

Du besitzt göttliche Schöpferkraft. Alles, was du denkst, fühlst und dir vorstellst, gehorcht den Gesetzen der Energie und wird durch dich in die Realität gerufen. Damit erschaffst du dir deine eigene Welt und das, was du erlebst.

Es war für mich eine große Erkenntnis, das zu erfahren. Ich verstand das sehr klar, weil ich in der Nahtod-Erfahrung dieses Wissen unmittelbar wahrnehmen konnte. Damals konnte ich es noch nicht zuordnen und durchdringen. Doch durch meine vielen Aus- und Weiterbildungen wurde dieses Wissen nach und nach in mir erweckt und ich bekam ein größeres Verständnis dafür.

Was bedeutet es für dein Leben, wenn du Schöpfer deiner eigenen Realität bist? Wenn alles, was du erlebst, die Auswirkungen deiner eigenen Gedanken, Gefühlen und Vorstellungsbilder sind, hast du volle Verantwortung für alles, was du erlebst.

Daraus folgt: Es gibt niemanden, der schuld an deiner Situation ist, wenn sie dir nicht gefällt.

Wenn ich mit meinen Kunden arbeite und ihnen das erkläre, wehren sie sich oft und fragen: „Wie kann es dann sein, dass Kinder behindert auf die Welt kommen? Haben sie sich das auch selbst erschaffen?"

Meine Antwort darauf lautet: „Ja, haben sie. Jede Seele, die inkarniert, plant vor ihrer Geburt, was sie erleben und lernen will, mit welchen Fähigkeiten sie sich ausdrücken und welchen Beitrag sie hier auf der Erde leisten will.

Eine Seele, die in einem behinderten Körper auf die Welt kommt, hat sich das vorgenommen. Vielleicht, damit sie für sich und andere bestimmte Erlebnisse machen kann. Sie wird in das passende Umfeld geboren, in dem sie Erfahrungen und Erkenntnisse sammeln kann. Also sucht sie sich auch die Eltern, das Umfeld und den Ort aus, an dem sie geboren wird."

Wir haben das nie gelernt und es ist erstmal schwierig, zu glauben, dass wir für alles, was wir erleben, selbst verantwortlich sind. Im Zusammenspiel des großen Ganzen können wir viele Dinge nicht verstehen. Für den Verstand ist das nicht fassbar. Wir fragen: Warum entstehen Kriege, Hungersnöte und Katastrophen? Diese Fragen können vom Verstand nicht beantwortet werden. Auch Menschen, die im Krieg Not leiden, haben sich das in gewisser Weise ausgesucht. Wir Menschen sind wie Mitspieler in einem Film, der es uns ermöglicht, jede Rolle als Schauspieler einzunehmen und jegliche Erfahrungen zu machen.

Wie wir Realität erschaffen

Wir gestalten unsere Realität durch das, was wir denken und fühlen, und durch unsere Vorstellungsbilder. Wichtig zu wissen ist, dass dabei noch andere Kräfte in uns mitwirken:

1. die selbsterhaltende Kraft, dein Bewusstsein
2. die dienende Kraft, dein Unterbewusstsein
3. die höher führende Kraft, dein Überbewusstsein mit seinem Überblick über das große Ganze

Viele Gedanken, Gefühle und Bilder sind in unserem Unterbewusstsein gespeichert und sorgen dafür, dass wir immer wieder das Gleiche erleben. Mir hat dabei das Bild von Aladin und der Wunderlampe geholfen. Als Aladin den Dschinn aus der Wunderlampe befreite, hatte er 3 Wünsche frei, die der Dschinn ihm erfüllen musste. So wirkt auch unser Unterbewusstsein. Es ist darauf aus, dir deine Anordnungen zu erfüllen. Dein Unterbewusstsein ist dein dienstbarer Geist, der alles für dich tut. Du bist sein Herr und Meister! Du hast ihm bereits eine unvorstellbare Menge von Aufträgen erteilt. Dein dienstbarer Geist ist stets damit beschäftigt, diese für dich zu erledigen. Vor allen Dingen haben wir ihm, als wir noch Kinder waren, grundsätzliche Anordnungen erteilt, die er bei späteren Aufträgen berücksichtigen sollte. Auch dies tut er natürlich. Einige davon sind inzwischen überholt. Dumm nur, dass wir die zum größten Teil wieder vergessen haben und er nicht so ohne weiteres bereit ist, uns diese Anordnungen zu nennen. Daher müssen wir jetzt genau aufpassen, wann diese überalterten Anordnungen ausgeführt werden, damit wir sie durch neue, aktuelle ersetzen können.

Alte Anordnung	Neue Anordnung
Ich weiß nichts	Ich weiß alles, was ich heute wissen muss
Ich bin nicht gut genug	Ich bin jederzeit gut genug und gebe mein Bestes
Ich bin heute wieder so nervös	Ich bin schon viel ruhiger als früher!
Ich habe Angst davor	Ich habe schon ganz andere Dinge geschafft!
Bei mir klappt es wieder nicht	Ich lerne aus meinen Fehlern und bin erfolgreich
Ich bin unzufrieden mit mir	Wenn ich mir mein Leben anschaue, habe ich allen Grund mit mir zufrieden zu sein
Keiner mag mich	Die Leute, die wirklich wichtig für mich sind, mögen mich auch!

Anhand eines Beispiels zeige ich dir die Auswirkungen von einem Befehl an unser Unterbewusstsein: Du wachst morgens auf, steigst aus dem Bett und stößt dir deinen Zeh am Bettpfosten. Du schreist auf und denkst: „Heute geht mal wieder alles schief!" Unser Gedanke ist also deutlich formuliert, das Vorstellungsbild ist klar, denn wir hatten ja wohl gerade eine entsprechende Situation, und das Gefühl (Ärger) ist auch stark genug.

Alle drei Kräfte, die wir zur Zielerreichung brauchen, führen in eine Richtung. Das ist Klartext für unser Unterbewusstsein!

Unser dienendes Selbst will uns erfolgreich machen und tut nun alles, was dieses Ziel unterstützt – denn es bewertet das nicht, was wir von ihm wollen. Erfolgreich zu sein, heißt für das Unterbewusstsein, das auszuführen, was wir ihm mit unseren Gedanken, Gefühlen und Vorstellungsbildern eintrichtern: „Heute geht mal wieder alles schief!"

1. Es macht uns auf alles aufmerksam, was schiefläuft. Schließlich will es Anerkennung haben und uns zeigen, wie es dafür sorgt, dass heute alles – wie angeordnet – (schief-)läuft. Du stehst in der Küche und legst den Filter in die Kaffeemaschine, holst die Kaffeedose aus dem Schrank und willst den Deckel öffnen. In dem Moment fällt dir die geöffnete Dose aus der Hand und das Kaffeepulver ergießt sich auf dem Boden.
2. Du wirst dadurch bestätigt, dass es „wirklich" so ist, („Ich wusste es, heute läuft wirklich alles schief.") und wiederholst damit die Anweisung.
3. Dein Unterbewusstsein nimmt jede Gelegenheit wahr, diesen wichtigen Auftrag zu erfüllen und steuert deine Verhaltensweise entsprechend, was zum weiteren Wiederholen des Auftrages führt. Du gerätst in Zeitdruck, beeilst dich, rennst zum Auto und willst zur Arbeit fahren. Du setzt es rückwärts aus der Einfahrt und in dem Moment fährst du eine Mülltonne um, die dort am Rand stand.
4. Nun schimpfst du über dein Missgeschick und nährst damit dein Unterbewusstsein, wirst nervös und ärgerlich und schwächst zusätzlich dein Selbstvertrauen.

Merkst du, wie wir uns unsere „Realität" selbst machen? Besonders aufpassen sollten wir auf generelle Anweisungen wie:

- „Ich kann machen, was ich will, das klappt sowieso nicht."
- „Das kriege ich nie hin."
- „Ich bin nicht gut genug."

Kannst du dir vorstellen, dass sich erfolgreiche Persönlichkeiten das Leben nicht so schwer machen? Die Anweisung: „Ich bin erfolgreich in allem, was ich tue!" könnte sich so auswirken:

1. Mein mir dienendes Selbst macht mich auf alle Erfolgserlebnisse aufmerksam. Sie werden mir also ins Bewusstsein geführt.
2. Mit jedem bewussten Erkennen eines Erfolgserlebnisses bekomme ich die Bestätigung, dass ich offensichtlich wirklich erfolgreich bin.
3. Es nimmt jede sich bietende Gelegenheit wahr, diesen Auftrag zu erfüllen. Es macht mich auf interessante Situationen und sich bietende Möglichkeiten aufmerksam. Es steuert mein Verhalten erfolgsorientiert. Es gibt mir die richtigen Worte zur richtigen Zeit. Es lässt mich schweigen, wenn es angebracht ist.
4. Ich freue mich über die gute Zusammenarbeit mit meinen drei Kräften, werde innerlich ruhiger, zuversichtlicher und stärke mein Selbstvertrauen! Das, was ich für mich möglich halte, wächst.

Wenn du das für dich verinnerlichen willst, solltest du möglichst Worte vermeiden wie: Ich bin müde, nervös, ängstlich, krank, erfolglos. Achte also bewusst darauf, was du denkst und welche Worte du nutzt. Denn dein Unterbewusstsein ist darum bemüht, die Anordnungen zu erfüllen. Besser ist es, Bestätigungen für jedes Glückserlebnis und jeden Erfolg zu suchen.

Es gibt ein wichtiges geistiges Schöpfergesetz: Das, was ich in der Vergangenheit über mich dachte, bin ich jetzt. Das, was ich jetzt über mich denke, werde ich in der Zukunft sein! Damit hast du Einfluss auf das, was du in der Zukunft sein und haben willst. Du kannst dich immer wieder fragen, wie oder wer du in Zukunft sein willst. Setze dir Ziele und stärke mit täglichen kleinen

Erfolgserlebnissen, die du bewusst aufschreibst, dein Selbstvertrauen.

Übung für ein positives Bewusstsein

Schreibe dir deine positiven Momente regelmäßig auf und rufe sie dir ins Bewusstsein. Was fand ich heute gut an mir? Was habe ich heute Schönes erlebt? Wofür bin ich heute dankbar?

Die Informationen werden vom Bewusstsein ins Unterbewusstsein und von hier zum Überbewusstsein gelenkt. Du arbeitest mit deinem Bewusstsein und achtest auf das, was du denkst, fühlst und dir vorstellst. Damit kannst du dein Unterbewusstsein aufräumen und wirst auf Dauer nur noch das erleben, was deinen bewussten Anordnungen entspricht. Dann steht dir der Weg zum Überbewusstsein, welches ich Seele nenne, offen. Du erkennst vielleicht, dass du das bist, was du von dir denkst und glaubst, und fühlst deine eigene Schöpferkraft.

Deine Prägungen und Konditionierungen auflösen

Als Kind bist du von deinen Eltern und deinem Umfeld abhängig. Vor allem in den ersten drei Lebensjahren lernst du durch Imitation von deinen Eltern, wie die Welt funktioniert. Du beobachtest, was du tun musst, um Nahrung, Zuwendung und trockene Windeln zu erhalten. Du kommunizierst über Mimik und studierst die Mimik und das Verhalten deiner Eltern. Wenn du irgendwann sprechen kannst, hast du bereits eine Unmenge von Bedeutungen, Regeln und Verhaltensweisen gelernt. Du weißt, was du darfst und nicht tun solltest. Du hast gelernt, was von deinen Eltern erwünscht ist, wie du dich verhalten sollst. Du weißt, was für deine Eltern wichtig und wertvoll ist, und übernimmst ihre Werte. Du wirst von den Ansichten, Sichtweisen und Verhaltensweisen deiner Eltern geprägt.

Wenn du andere Menschen im Kindergarten und in der Schule triffst, wirst du wieder schauen, wie du mit ihnen am besten klarkommst. Also lernst du neue Sichtweisen und Verhaltensweisen kennen. Du passt dich deinem Umfeld an, damit du dazugehörst und anerkannt wirst.

Es kann sein, dass du als erwachsener Mensch unbewusst den Prägungen und Konditionierungen deiner Eltern, Lehrer und ehemaligen Bezugspersonen folgst. Auch die Gesellschaft, in der wir leben, gibt uns bestimmte Regeln, Werte und Anordnungen vor, die wir befolgen sollten, wenn wir dazugehören wollen.

Konflikte entstehen, wenn das, was du unbewusst von anderen übernommen hast, deine eigene Entfaltung behindern. Deine Seele ist auf Wachstum aus. Sie möchte sich selbstbestimmt und frei ausdrücken, Erfahrungen machen und einen Beitrag leisten. Dies ist als tiefe Sehnsucht in den seelischen Bedürfnissen angelegt.

Wenn dein erlerntes Wertesystem eher auf Sicherheit bedacht ist, steht das deiner Seele vielleicht im Weg. Du tust, was andere von dir erwarten. Du lernst einen Beruf, der von deinen Eltern mitbestimmt wurde. Jetzt fühlst du, dass dir dein Job nicht mehr so viel Freude macht. Doch du gehst jeden Morgen zur Arbeit, weil du damit deinen Lebensunterhalt verdienst. Mittlerweile hast du eine Familie gegründet und sie ist auf das Geld, das du monatlich nach Hause bringst, angewiesen. Du funktionierst wie in einem Hamsterrad. Doch du lebst nicht nach deinen Regeln, sondern nach den Prägungen und Konditionierungen der anderen.

Hier kann es sein, dass dir das Leben irgendwann Nachhilfeunterricht erteilt. Du verlierst deinen sicheren Job und musst jetzt schauen, wie du in Zukunft weiterleben willst.

Meinen ersten Nachhilfeunterricht bekam ich durch meine Nahtod-Erfahrung. Danach hinterfragte ich alles. Die Werte meiner Eltern und meines Mannes passten nicht zu meinem Naturell. Sie waren auf Sicherheit bedacht, ich wollte wissen, lernen, Neues erfahren. So fiel ich in eine tiefe Depression, um für mich herauszufinden, was mir Freude macht. Diese fand ich damals zunächst im Yoga. Alles, was ich durch Yoga erfuhr, gab mir meine Freiheit wieder zurück und führte ebenfalls dazu, meine Prägungen und Konditionierungen zu erkennen und neu zu definieren, was für mich stimmig ist.

Deine Realität wird durch deine Gedanken, Gefühle und Vorstellungsbilder erzeugt. Daher ist das, was du erlebst, durch dich entstanden. Dein Leben stimmt mit deinen Gedanken, Gefühlen und Vorstellungsbildern überein. Du ziehst entsprechende Mitspieler an, die in der gleichen Frequenz schwingen. Wenn dir dein Leben gefällt und du dich glücklich und erfüllt fühlst, ist alles gut. Doch wenn du unzufrieden und unglücklich bist, solltest du reflektieren, mit welchen Gedanken du dir diese Realität erschaffen hast.

Du weißt jetzt, dass du in früher Kindheit bereits von den Überzeugungen, Sichtweisen sowie Glaubenssätzen deiner Eltern geprägt wurdest. Es kann sein, dass diese nicht mehr zu dem passen, wie du heute leben willst. Finde durch die folgenden Impulse deine Glaubenssätze und Überzeugungen heraus.

Nimm dir nun einen Stift und beantworte die Fragen der nachfolgenden Übung, ohne groß darüber nachzudenken. So kommst du deinen Glaubenssätzen am besten auf die Spur. Dann gehe jeden einzelnen Glaubenssatz nochmal durch. Prüfe jetzt, ob du ihn immer noch glaubst oder ob du eine andere Wahrheit annehmen kannst. Das sollte dir leichtfallen. Am besten wäre es, wenn dir dein alter Glaubenssatz ein Schmunzeln in dein Gesicht zaubert, so nach dem Motto: „Ja, wie blöd ist das denn, das habe ich geglaubt?“

Für diese Reflektion wirst du länger brauchen. Mach dir keinen Druck. Es ist ein längerer Prozess, den du immer wieder aufnehmen kannst.

Doch es lohnt sich, denn du wirst merken, wie sich dein Leben langfristig positiv verändert. Du wirst immer mehr das erfahren, was du wirklich für dich willst.

Bitte besorge dir für deine Glaubenssätze ein eigenes Heft oder Buch, in das du immer wieder eintragen kannst, wenn dir etwas auffällt, was du glaubst, aber nicht mehr glauben willst. Also gönn dir die Zeit dafür und beobachte achtsam, was dir begegnet. So bekommst du immer wieder Hinweis auf deine unbewussten Glaubenssätze oder Überzeugungen. Nur wenn du deine Glaubenssätze und Überzeugungen bewusst wahrnimmst, kannst du sie verändern!

Übung zu deinen Glaubenssätzen

1. Dein Umfeld als Kind

Reflektiere, wie du aufgewachsen bist. Welche Überzeugungen, Sichtweisen, Regeln hast du von deinen Eltern, Großeltern, Lehrer, Umfeld oder Kirche übernommen?

Was haben deine Eltern dir in Bezug auf Arbeit, Erfolg, Geld, Beziehungen, Reichtum vorgelebt? Was haben deine Eltern dir beigebracht, wie du sein sollst, was du darfst, nicht darfst, kannst oder nicht kannst?

2. Deine Erlebnisse als Erwachsener

Schreibe deine stärksten Erlebnisse in Bezug zu deiner Person, Arbeit, Erfolg, Geld, Reichtum auf. Was fiel dir schwer oder leicht? Was hast du mit Geld erlebt und wie denkst du über Reichtum?

3. Redewendungen und Sprichwörter

Fallen dir Redewendungen oder Sprichwörter in Bezug auf Arbeit, Erfolg, Geld und Reichtum ein?

Beispiel: Du musst dich anstrengen, um Geld zu verdienen .... Als Mädchen musst du brav und bescheiden sein ... Ohne Fleiß kein Preis ... Erst die Arbeit, dann das Vergnügen ... Geld allein macht nicht glücklich ... Über Geld spricht man nicht ...

Ergänze hier bitte, was dir noch dazu einfällt.

4. Dein Leben als Spiegel

Dein Leben zeigt dir, was du gedacht, gefühlt oder dir vorgestellt hast. Schau dir dein Leben im JETZT an. Was gefällt dir nicht? Wo bist du unzufrieden? Welche Gedanken, Gefühle und Vorstellungsbilder haben das erzeugt?

Was erlebst du gerade in deinen Beziehungen? Partner, Kinder, Eltern, Freundschaften? Wie müsstest du gedacht haben, um das zu erleben, was du gerade erlebst? Was glaubst du über die Beziehung, die dich unzufrieden macht? Wie müssten „er" oder „sie" sich deiner Meinung nach verändern, damit es so ist, wie du es dir wünschst?

Schreib dir einige Sätze dazu auf und ersetze dann „Er müsste ..." mit „Ich müsste ...". Welche Denkmuster fallen dir auf?

- Was erlebst du gerade in Bezug auf Geld und Fülle?
- Was macht dich unzufrieden?
- Was müsstest du gedacht haben, um das zu erleben, bzw. was denkst du dazu?
- Was erlebst du gerade in Bezug auf deinen Körper?
- Womit bist du unglücklich?
- Was gefällt dir nicht?
- Wie denkst du über dich und deinen Körper?

- Wie wünscht du es dir?
- Welche Denkmuster müsstest du verändern?
- Was denkst du über Erfolg im Business?
- Was hast du von deinen Eltern, Umfeld dazu gelernt?

Wenn du noch nicht erfolgreich bist, welche Gedanken könnten diese Realität erzeugen? Reflektiere weitere Lebensbereich, die dir wichtig sind, in denen du noch nicht zufrieden bist. Welche Gedanken könnten deine Realität erzeugt haben?

Sammle alle Denkmuster, Sichtweisen und Glaubenssätze, bei denen du merkst, dass sie die Erfüllung in den unterschiedlichen Lebensbereichen verhindern. Schreib sie auf eine DIN A4 Seite. Dann nimm ein 2. Blatt und dreh die Sätze so, dass sie dir eine positive Realität gestalten, wie du sie dir wünscht.

Beispiel: Du hast den Glaubenssatz erkannt: „Um Geld zu verdienen, muss ich hart arbeiten." Jetzt schreibst du dir auf, wie du dir dein Leben wünschst: „Meine Arbeit ist erfüllt von Freude und Geld fließt mir in Leichtigkeit und Fülle zu."

Behalte den neuen Satz tagsüber immer wieder in deiner Erinnerung. Du kannst dir auch einen Timer auf deinem Handy einrichten, der kurz läutet und dich an den neuen Glaubenssatz erinnert. Sprich ihn laut oder leise aus. Fühle ihn bewusst.

Schreibe abends in dein Tagebuch, was sich im Lauf des Tages in deinem Erleben verändert hat. Es kann gut sein, dass`du mit einem neuen Glaubenssatz mehrere Wochen verbringst, bis sich Veränderungen einstellen. Sei geduldig und nimm dir einen Glaubenssatz nach dem anderen vor, bis du spürst, dass sich durch deinen Fokus, deine Handlungen sowie neue Gewohnheiten etwas verändert hat. Diese Aufgabe ist eine langfristige Angelegenheit, die einige Wochen und Monate in Anspruch nehmen kann.

Das ist der Prozess: Du wirst dir deiner Glaubenssätze bewusst. Du triffst eine neue Entscheidung, was du ab sofort glauben willst. Dann handelst du entsprechend neu. Und es zeigen sich neue Ergebnisse

Authentisch sein

Deine Seele möchte, dass du glücklich bist. Sie zeigt dir den Weg über deine Gefühle. Wenn du dich unzufrieden, unglücklich, ärgerlich oder traurig fühlst, dann ist dein Energielevel niedrig. Du lebst nicht das, was für dich stimmig ist. Vielleicht folgst du deinen Prägungen, lebst nach den Erwartungen deines Umfeldes oder passt dich an andere an. Dann bist du nicht authentisch. Vielleicht vergleichst du dich auch mit anderen und strebst danach, so wie andere zu sein? Auch das kann dich auf einen Irrweg führen, denn du bist dazu bestimmt, ganz authentisch DU zu sein.

In einem zauberhaften Wald ergoss sich der warme Sonnenschein mitten im Herbst. Die Blätter der Bäume begannen langsam, ihr prächtiges Farbenspiel zu entfalten, und die Vögel sangen inbrünstig ihre Lieder.

Ein neugieriger Vogel namens Kiki flog von Baum zu Baum und besuchte verschiedene Tierfreunde, um nach ihrem Befinden zu fragen. Die Eule klagte, dass sie nicht so bunt wie der Pfau sein könne. Der Hirsch, dessen Geweih noch nicht so mächtig wie das eines Elchs war, seufzte und sagte, er fühle sich minderwertig. Das Eichhörnchen beneidete die Eule um ihre Weisheit und haderte mit seinem eigenen schlichten Wissen. Und der Fuchs, der nicht so schnell wie der Hase war, haderte mit seiner Geschwindigkeit.

Kiki fand schließlich einen kleinen Schmetterling, der friedlich auf einer Blume ruhte und seine zarten Flügel in der Sonne ausbreitete. Er sah sehr glücklich und zufrieden aus. „Warum bist du so glücklich?“, fragte Kiki den Schmetterling.

Der Schmetterling antwortete sanft: „Ich höre die Sorgen der Eule, des Hirsches, des Eichhörnchens und des Fuchses, aber ich verstehe sie nicht. Ich kann nur das sein, was ich bin, und ich genieße es, ein Schmetterling zu sein, der im Wind tanzt und die Blumen besucht.“

Statt sich mit anderen zu vergleichen und sich über das zu beklagen, was sie nicht sein konnten, konzentrierte sich der Schmetterling darauf, das Leben so zu leben, wie es für ihn authentisch war. Er wusste, dass wahres Glück darin besteht, er selbst zu sein und die Einzigartigkeit zu schätzen, die er mitgebracht hat.

Jetzt bist du dran, für dich herauszufinden, was dich authentisch macht. Du bestimmst in jedem Moment, wer du sein, was du haben und was du tun willst. Du hast deine einzigartigen Fähigkeiten und Erfahrungen gemacht, die dich geprägt haben, die dich zu der gemacht haben, die du jetzt bist. Sie sind nicht vergleichbar mit anderen Menschen. Sie machen dich einzigartig. Du wirst gebraucht, mit allem, was dich ausmacht.

Die Frage ist: Erlaubst du dir deine Einzigartigkeit zu leben und das zu tun, was deinen Fähigkeiten entspricht, dir leichtfällt und was du liebst?

Wer oder was hindert dich daran, glücklich, sinnhaft und erfüllt zu leben?

Das herauszufinden ist deine Aufgabe. Alles zu entfernen, was da an Konditionierungen, Sichtweisen, Denkmustern und Glaubenssätzen wie ein großer Müllhaufen über dem Diamanten deiner Seele liegt. Damit du aus dir heraus strahlst.

Hier ein Beispiel einer Kundin, mit der ich über einen längeren Zeitraum gearbeitet hatte. Ich nenne sie Petra. Sie kam zu mir mit heftigen Rückenschmerzen, völlig energielos und in tiefer Verzweiflung. Sie hatte die Freude am Leben verloren und sah keinen Sinn in ihrem Leben. Sie lebte mit ihrem Mann in einem kleinen Dorf. Er arbeitete als Elektriker in einer kleinen Familien-Firma. Er kam abends nach Haus, aß das, was sie gekocht hatte, schaltete den Fernseher an und genoss seine Flasche Bier. Ihr Leben lief aneinander vorbei.

Sie hatten sich nichts mehr zu sagen und kaum noch Gemeinsamkeiten. Ihre Freunde wurden von ihrem Mann nicht akzeptiert. Er machte alles nur schlecht. Sie wurde von ihm beschimpft und benutzt. Sie hatte für ihn zu funktionieren. Seinen Haushalt zu führen, für ihn zu putzen, zu kochen, damit es ihm gut ging. Er brachte das Geld nach Haus und wollte auch nicht, dass sie arbeiten ging. Dennoch hatte sie sich durchgesetzt und einen Job in einer kleinen Firma angenommen und machte dort die Buchhaltung. Wenn er nach Hause kam, war sie wieder zurück. Sie durfte keinen eigenen Willen haben und lebte die klassische Rolle als Frau, so wie viele Frauen in dem kleinen Dorf.

In unserer gemeinsamen Arbeit fand sie ihre Bedürfnisse heraus. Zuerst fiel es ihr schwer, mehr an sich zu denken. Doch so nach und nach lernte sie, sich von den Erwartungen ihres Mannes freizumachen und ihre eigenen Bedürfnisse zu erfüllen. Das Geld, das sie durch ihren Büro-Job verdiente, investierte sie in weitere Ausbildungen. Sie zahlte es nichts mehr auf das gemeinsame Konto ein. Sie machte bei mir eine Heil-Yoga-Ausbildung und begann bereits nach kurzer Zeit in einem kleinen Hotel mit Yogakursen für die Urlauber. Später leitete sie Yogakurse für die VHS. Die Teilnehmer waren glücklich und zufrieden mit ihr. Sie selbst blühte auf, wurde Gesundheitsberaterin und besuchte eine Coaching-Ausbildung.

Doch sie blieb bei ihrem Mann und dort lief alles wie gewohnt. Sie war nicht glücklich damit, schaffte es jedoch nicht, sich von ihm zu trennen, aus Angst, sich nicht selbst versorgen zu können.

Eines Tages trug sie einen viel zu schweren Kasten und erlitt einen heftigen Bandscheibenvorfall, der sie lähmte. Der Bandscheibenvorfall konnte operiert werden, doch ihre Beine konnte sie nicht mehr bewegen. Bei weiteren Untersuchungen fand man in ihrem Rückenmark viele Entzündungsprozesse, hervorgerufen durch Parasiten, die ihr ganzes Nervensystem zerstörten. Medikamente brachten keinen Erfolg. Sie war verzweifelt. In der langen Zeit im Krankenhaus erkannte sie, dass sie über Jahrzehnte ihre eigene Wahrheit verleugnete. Sie sah klar, dass ihr Mann ihr Parasit war, der ihr die Lebensenergie abzog. Sie fasste den Entschluss, sich von ihm zu trennen, sobald sie wieder gesund wäre.

Als ihr in der Reha gesagt wurde, dass sie nie wieder laufen könne, wollte sie das nicht glauben. Ihre Willenskraft war stark und nach wenigen Wochen machte sie große Fortschritte. Sie konnte zunächst mit Krücken, später mit einem Stock laufen. Als sie entlassen wurde, fuhr sie nach Haus, packte direkt ihre Habseligkeiten und verließ ihren Mann.

Heute lebt sie in einer eigenen Wohnung, arbeitet halbtags als Ernährungsberaterin in einer Klinik und gibt weiterhin Yogakurse, die sehr beliebt und gut besucht sind. Viele Kunden wünschen sich ihren Rat für ihre ganzheitliche Gesundheit. Sie verdient ihr eigenes Geld und hat sich und ihre Seele wiedergefunden. Sie sorgt gut für sich und ist gesund. Für die Ärzte ist es ein Wunder. Für sie war es nur die Konsequenz, in ihre eigene Kraft zu gehen und ihre Wahrheit zu leben.

Fazit: Ist die Ursache erkannt und behoben, braucht der Körper als Botschafter der Seele die Krankheit nicht mehr zu erzeugen.

Natürlich erhielt sie Gegenwind von ihren Nachbarn, ihrer Familie und damaligen Freunde. Niemand verstand, warum sie sich von ihrem Mann trennte. Doch das war ihr egal. Heute hat sie neue Freunde, mit denen sie sein kann, wie sie ist. Sie ist glücklich und zufrieden und lebt das Leben, was sich für sie stimmig anfühlt. Sie hat sich aus den alten Konditionierungen und Erwartungen der anderen befreit. Es hätte sie fast ihre Gesundheit gekostet, doch sie konnte noch rechtzeitig gegensteuern. Ihre Krankheit war der Tropfen, der das Fass zum Überlaufen brachte und ihr half, ihr Leben so zu verändern, wie es ihren Bedürfnissen entsprach.

Wenn du auf dein Leben zurückschaust, wirst du sicher feststellen, dass du vor 10 Jahren anders warst als heute. Vielleicht hast du jetzt eine andere Figur und Frisur, trägst andere Kleidung, lebst in einer anderen Wohnung. Vielleicht bist du auch mit anderen Menschen zusammen und übst einen anderen Job aus. In dieser Zeit hat sich deine Persönlichkeit entfaltet. Du hast viele Dinge gelernt, neue Erfahrungen gemacht und Erkenntnisse gesammelt. Heute hast du eine andere Identität als vor 10 Jahren. Wenn du eine Vision für dich und dein Leben hast, dann wirst du nach und nach in diese Version hineinwachsen und schließlich eine neue Person sein.

In meinen Yogakursen begann ich jede Stunde mit einer kurzen Geschichte. Meine Teilnehmer liebten es, in der anschließenden Ruhelage darüber nachzusinnen und die Aussagen darin auf ihr Leben zu beziehen. Dabei begegnete mir eine Geschichte, die mich sehr beeindruckte und die heute noch an meinem Visionboard hängt. Ich lese sie immer wieder.

Der magische Spiegel

Vor langer Zeit existierte eine Legende über einen magischen Spiegel, der die Wahrheit über die Menschen offenbarte, und zwar so, wie sie wirklich waren – nicht so, wie sie sich selbst, ihre Freunde oder ihr Umfeld sie sahen. Aus allen Ecken der Welt strömten die Menschen zu diesem verzauberten Spiegel.

Eines Tages kam eine Frau von außergewöhnlicher Bescheidenheit zu diesem Spiegel. Sie war stets dazu geneigt, sich selbst zu unterschätzen, und war erstaunt, als sie in diesem Spiegel eine Facette ihrer selbst erblickte, von der sie bisher keine Ahnung hatte. In diesem magischen Spiegel sah sie klar und deutlich, innerhalb der Umrisse ihrer eigenen Gestalt, das Bild eines anderen Wesens. Es war ein starkes und selbstbewusstes Abbild der Weiblichkeit, frei von jeglichen Fehlern und Unsicherheiten, die sie sich selbst immer zugeschrieben hatte.

Je länger sie dieses Bild betrachtete, desto mehr trat es in den Vordergrund. Schließlich wurde ihr klar, dass dies ihr wahres Wesen sein musste, das höhere Selbst, das der Schöpfer in ihr geschaffen hatte.

Das Bild im Spiegel beeindruckte die Frau so sehr, dass sie von nun an unermüdlich danach strebte, sich danach zu formen und zu entwickeln. Mit der Zeit wurde das Bild der vollkommenen Frau, das ihr stets vor Augen war, zur Realität und ersetzte das schüchterne, selbstzweifelnde Wesen, das sie zuvor gewesen war.

Nur wenige Jahre später hatten sich ihr Erscheinungsbild, ihre geistige Verfassung und ihr gesamtes Wesen vollkommen verwandelt. Sie wurde tatsächlich zu der großartigen Frau, die der magische Spiegel enthüllt hatte. Und nicht nur das, sie erlangte in ihrem Beruf und in ihrem gesamten Leben mehr Erfolg, als sie je für möglich gehalten hatte. Sie war eine Oase für andere geworden und sie spürte, dass sie nun erst begann, ihr volles Potential zu entfalten.

Es könnte meine Geschichte sein, denn so habe ich es für mich erlebt, nachdem ich meinen Seelenplan kennengelernt hatte. Er war für mich wie dieser magische Spiegel und zeigte mir, wie groß meine Seele ist und was mit ihr und durch die göttliche Energie alles möglich ist. Ab dem Zeitpunkt hörte ich auf, mich klein zu halten.

Ich wusste genau, dass vieles, was andere von mir erwarteten oder in mir sahen, nicht meine Wahrheit war. Mir wurde beigebracht, mich zurückzuhalten, dass meine Meinung nichts zählte, dass ich bescheiden sein und darauf achten soll, was andere über mich dachten.

Mit der Kenntnis meines Seelenplans konnte und wollte ich so nicht mehr leben. Ich sah die unbegrenzten Möglichkeiten. Endlich erkannte ich auch meine Mission. Ich verstand, warum ich die vielen leidvollen Dinge in meinem Leben erfahren hatte. Alles ergab mit einem Mal Sinn. Ich konnte daraus reichliche Erkenntnisse ziehen, wenn ich mich nicht als Opfer der Umstände sah. Diese Erfahrungen dienten mir dazu, zu wachsen und meine Fähigkeiten zu entfalten.

Meine Seele hat als Lernaufgabe mitgebracht, eigentlich nicht auf der Erde sein zu wollen. Ich fühlte mich in der Gesellschaft nicht wohl, hielt mich zurück, war auf Sicherheit bedacht und wollte alles unter Kontrolle behalten. Der Grund dafür ist, dass ich hochsensibel bin und hinter die Fassaden der Menschen schauen kann. Ich sehe zwar die Wahrheit, darf sie aber nicht ungefragt ausdrücken.

Bereits als Kind und Jugendliche habe ich erfahren, dass ich anders war. Meine Mitschüler trafen sich in Cliquen, ich war oft die Außenseiterin. In meiner Familie war es nicht erwünscht, Tabuthemen anzusprechen. Nach außen musste alles nett, adrett und heil aussehen. Da ich die Wahrheit zwar sehen konnte, aber nicht sagen durfte, habe ich meine Gefühle und meine Sichtweisen schließlich unterdrückt und mich dabei permanent falsch gefühlt. Das zog sich bis in meine Ehe hinein.

Nachdem ich meinen Seelenplan kennengelernt hatte, konnte ich das klar erkennen und mein Verhalten Schritt für Schritt verändern.

Mit meinen Fähigkeiten verhält es sich ebenfalls so. Laut meinem Seelenplan bin ich hellsichtig. Ich kann die Zukunft sehen und die Bedürfnisse der anderen erkennen, bevor sie sie selbst wahrnehmen. Ich bin sehr flexibel, kann mich gut anpassen und anderen Halt geben. Ich trage tiefes Wissen in mir und kann es verständlich vermitteln. Ich verbinde Gegensätze, bis zu Materie und Geist. Das bedeutet, dass ich sowohl sehr bodenständig als auch eng mit der geistigen Welt verbunden bin. Als ich das erfuhr, wurde mir klar, wie sehr ich diese Fähigkeiten unterdrückt hatte. Heute lebe ich sie wieder.

Die Ziele in meinem Seelenplan haben mich sehr beeindruckt. Ich soll Gott in meinem Inneren vollständig akzeptieren und daraus leben und handeln. Dann erkenne ich meine Wahrheit und kann jede schöpferische Tätigkeit ausüben. Außerdem soll ich Geistiges in die irdische Existenz bringen und das göttliche Licht halten. Damit entfalte ich große Heilkräfte.

Als ich das las, war ich erstmal überfordert. Das konnte ich überhaupt noch nicht in mir sehen. Daher war ich auf der einen Seite total euphorisch, weil ich neue Möglichkeiten für mich erkannte. Auf der anderen Seite wollte mein Verstand das wieder kleinreden. Ich wusste nicht, wie ich das realisieren sollte. Logisch - mein Verstand kennt ja nur das, was er bisher gelernt hat. Also landete der Seelenplan erstmal wieder in der Schublade.

Eine Lungenentzündung gab mir die Zeit, alles zu reflektieren. Ich hatte hohes Fieber und lag tagelang wie betäubt im Bett. Es war wie eine Initiation: Gehe ich jetzt den Weg meiner Seele, wie er für mich vorgesehen ist? Oder bleibe ich im Kleindenken und Zweifeln hängen? Doch mein Seelenplan ließ mich nicht los. Irgendwann dämmerte es mir: Wenn meine Seele das durch mich leben will, dann muss es auch möglich sein. Also übergebe ich die Erfüllung an meine Seele. Mit dieser Entscheidung ging es aufwärts. Es dauerte nicht lange und ich erholte mich. Danach war klar: Ich folge nur noch meinem Seelenplan.

Das tue ich bis heute. So wie in der Geschichte vom magischen Spiegel habe ich meine Identität völlig verändert. Ich lebe bereits große Teile dessen, was im Seelenplan geschrieben steht. Dabei habe ich die Erfahrung gemacht, dass meine Seele immer weiterwachsen will. Deshalb begegne ich auch heute noch mancher Herausforderung, die zunächst sehr unbequem ist.

Ein Beispiel dafür war die Herausforderung nach Lanzarote auszuwandern. Ich kann mich gut an eine Nacht Anfang November 2020 erinnern. Ich lag im Halbschlaf und hörte eine Stimme, die sagte: „Buche 5 Monate Lanzarote und flieg dort so schnell wie möglich hin. Du wirst dort leben." Ich war fassungslos. Was? Ich soll jetzt nach Lanzarote fliegen? Ich habe doch das Geld dafür gar nicht. Außerdem habe ich eine Workshop-Reihe, die ich leiten will … Das machen meine Kinder und Eltern nicht mit. Wie soll das gehen?

Diese Einwände gingen mir durch den Kopf. Am nächsten Morgen besprach ich das Vorhaben mit meinem Lebensgefährten. Er lachte nur und sagte: „Ok, dann hol ich mal die Koffer vom Dachboden." Es war klar, dass ich meiner Seele folgen würde. Ich hatte im Jahr vorher Lanzarote bereits kennengelernt und wir träumten schon das ganze Jahr davon, wieder dort zu sein und in Zukunft dort zu leben. Wir hatten sogar schon eine Villa gefunden, die uns gut gefiel und die man mieten konnte. Mit dem Besitzer hatte ich bereits im Frühjahr Kontakt aufgenommen und wollte zu meinem Geburtstag dort 10 Tage verbringen.

In Windeseile klärten wir, ob wir dort auch für 5 Monate bleiben könnten und buchten die Flüge. 3 Tage später saßen wir im Flieger nach Lanzarote. Sogar meine Eltern und Kinder hatten Verständnis dafür. Ich konnte es kaum fassen. Alle Ampeln standen auf Grün. Als wir auf Lanzarote ankamen, ging weiterhin alles sehr leicht. Damals stand ganz Europa vor dem Lockdown aufgrund der Corona-Pandemie. Doch wir landeten auf Lanzarote ohne Tests und Einschränkungen und alles lief wie am Schnürchen.

Die Villa war äußerlich sehr ansprechend, doch innerlich wies sie viele Mängel auf. So kam es, dass wir Ende Januar in ein kleines Ferienhaus umzogen, für das wir einen langfristigen Mietvertrag erhielten. Das war die Voraussetzung, um eine sogenannte Residencia zu erhalten, damit ich auch business-mäßig aktiv werden konnte. Der Weg, hier langfristig leben zu können, war gebahnt.

Doch was sollte ich mit meinem Haus in Deutschland machen, das ich einige Jahre vorher gekauft hatte? Mein Nachbar war geschockt, als er hörte, dass wir nicht mehr nach Deutschland zurückkommen wollten, denn von ihm hatten wir das Haus erworben. Nachdem er sich damit abgefunden hatte, rief er uns eine Woche später an und erklärte, er habe eine Käuferin gefunden. Ich war sehr überrascht. Auch das lief also glatt. Innerhalb von 5 Monaten hatte ich mein deutsches Haus verkauft, es ausgeräumt und alle Habseligkeiten nach Lanzarote gebracht. Jetzt lebe ich auf Lanzarote.

Da wir in dem kleinen Ferienhaus nicht alle Möbel unterbringen konnten, suchten wir nach einem größeren Haus. Das zog sich etwas hin und die halbjährige Frist für unseren Mietvertrag drohte abzulaufen. Doch ein Bekannter hier auf Lanzarote machte uns mit Einheimischen bekannt, die ihr Haus vermieten wollten.

Es war so, wie ich es mir gewünscht und vorgestellt hatte. Und so klappte es doch, dass wir noch im November in das frisch renovierte und gestrichene Haus einziehen und es mit unseren eigenen Möbeln einrichten konnten. Es war wie im Traum.

Seither lebe ich hier und fühle mich sehr wohl. Viele körperliche Symptome, die ich in Deutschland hatte, sind verschwunden. Das warme Klima tut mir so gut und ein Lebenstraum, den ich schon mit 40 Jahren hatte, hat sich damit erfüllt: Ich wollte im Alter in der Wärme leben.

Hier kann ich mich entfalten und meinen Seelenplan leben. Die Energie der Insel, die sich sehr feurig anfühlt, hat viele Denk- und Sichtweisen in mir verändert. Ich leite mein Online-Business und kann hier meine Fähigkeiten voll entfalten. Das macht mich sehr glücklich. Ich fühle mich im Einklang mit meiner Seele sinnhaft und erfüllt, weil ich alles, was in meinem Seelenplan vorgesehen ist, auch lebe.

6) Die Weisheit deines Körpers

Dein Körper braucht die Energie deiner Seele, um lebendig zu sein. Jede Zelle deines Körpers ist angewiesen auf die Grundenergien von Licht und Liebe. Beide Energien fließen durch den Körper und sorgen dafür, dass du vital und gesund bist und alle Zellen harmonisch in einem intelligenten Zusammenspiel miteinander funktionieren. Jede Zelle kennt ihre Aufgabe und weiß, was sie tun muss, damit der ganze Körper im Gleichgewicht ist.

Die kleine Zelle

In den Tiefen des menschlichen Körpers existierte eine unscheinbare, winzige Zelle, kaum größer als ein Staubkorn. Sie war Teil eines komplexen Gewebes. Zusammen mit vielen anderen Zellen, darunter auch beträchtlich größere, gewährleistete sie das reibungslose Funktionieren des Organismus.

Eines Tages begann die kleine Zelle, sich von ihren Nachbarn zu lösen. Sie überlegte: „Warum sollte ich mich weiterhin an dieser Stelle halten? Ich möchte mal etwas Neues sehen. Es gibt bestimmt noch so viel zu entdecken und meine Aufgabe hier scheint so unbedeutend zu sein. Selbst wenn ich auf Reisen gehe, wird der Körper dennoch problemlos funktionieren. Die anderen Zellen sind stark genug, um meine Abwesenheit zu kompensieren."

Mit diesem Gedanken in ihrem winzigen Zellkern entspannte sich die Zelle immer mehr und bereitete sich vor auf ihre Abenteuerreise. Doch als die benachbarten Zellen bemerkten, dass sich die kleine Zelle aus dem Gewebe lösen wollte, riefen sie ihr zu: „Bitte, tu das nicht! Wenn du fehlst, wird die reibungslose Koordination des Körpers gestört, die anderen Zellen könnten ebenfalls aus dem Gleichgewicht geraten, und es könnte zu schwerwiegenden Problemen kommen. Wir sind auf dich angewiesen! Bleib bei uns!"

In einem vereinten Chor aus verschiedenen Zellen, Organellen und Zellstrukturen riefen sie der winzigen Zelle zu: „Bitte, bleibe hier! Deine Funktion ist von entscheidender Bedeutung für die Gesundheit des gesamten Organismus. Wir benötigen deine aktive Rolle an der für dich vorgesehenen Stelle!"

Nachdem die kleine Zelle diese Worte gehört hatte, freute sie sich sehr, weil sie erkannte, dass sie wichtig war und genau an ihrem Platz gebraucht wurde. So blieb sie mit neuer Motivation an ihrem Platz im Gewebe. Der Körper konnte weiterhin optimal funktionieren, dank der Entschlossenheit und der Zusammenarbeit aller seiner Zellkomponenten.

Der Körper ermöglicht es der Seele, dass sie sich in der Welt ausdrücken und im Sinne ihres Seelenplans wirken kann. Wenn du körperliche Schmerzen hast, dann zeigt dir dein Körper, dass du irgendwo den Weg deiner Seele verlassen hast oder du nicht in Übereinstimmung mit deiner Seelenwahrheit lebst.

Nach der Geburt meiner drei Kinder fühlte ich mich über einen langen Zeitraum energielos und schlapp. Ich schlief schlecht und die täglichen Anforderungen belasteten mich. Ich hatte häufig Rückenschmerzen, jede

Bewegung war mühsam und ich wäre oft am liebsten einfach nur im Bett geblieben.

Eines Abends badeten mein Mann und ich die Zwillinge. Beide saßen munter in der Badewanne. Als ich meinen kleinen Sohn aus der Wanne heben wollte, passierte es. Ich verdrehte meinen Körper und ein „Hexenschuss" durchfuhr mich. Von einer Minute auf die andere konnte ich mich nicht mehr bewegen. Mein Mann konnte mir gerade noch das Kind abnehmen, damit wir nicht gemeinsam auf den Boden stürzten. Ich lag da und kam nicht mehr hoch. Auf allen Vieren krabbelte ich zum Bett und legte mich hin. Nichts war mehr möglich.

Damit begann eine Odyssee von Arztbesuchen. Mein Hausarzt diagnostizierte „Hexenschuss" und verschrieb mir Muskel-lösende Tabletten. Die nahm ich, doch veränderte sich nichts. Ich konnte mich nicht bewegen. Meine Aufgaben wurden auf die Großmütter und meinen Mann verteilt. Auch Spritzen halfen nicht. Ich lag tagsüber mit hochgelagerten Beinen, im sogenannten Stufenbett, im Wohnzimmer, während meine Kinder um mich herumkrabbelten und spielten.

Nach 6 Wochen hatte ich die Nase voll. Ich schleppte mich mühsam zum Arzt und forderte von ihm eine genauere Diagnose. Daraufhin schickte er mich zum Chirurgen in ein nahegelegenes Krankenhaus. Der machte ein MRT und stellte einen Bandscheibenvorfall fest. Einen der leichteren Art, wie er mir sagte. Da hoffte ich, von ihm operiert zu werden, damit ich möglichst schnell wieder zur Tagesordnung übergehen könnte. Doch er lachte mich nur aus und sagte: „Sie sind viel zu jung und der Bandscheibenvorfall ist nicht so schlimm, als dass ich sie operiere. Ihre Muskeln sind zu schlaff. Treiben Sie mehr Sport!"

Ich schaute ihn mit offenem Mund an. Das konnte ich nicht glauben. Er warf mich auf mich selbst zurück. Ich fuhr mit meinem Mann nach Haus und war wütend und unendlich traurig. Die Tränen liefen und ich konnte sie nicht stoppen. Stundenlang weinte ich im Bett. Ich fühlte mich als Opfer der Umstände und war im Drama gefangen. Meine ganzen aufgestauten Gefühle flossen aus mir heraus, wie bei einem Staudamm, der geöffnet wurde.

Nachdem meine Tränen versiegt waren und sich meine Wut gelegt hatte, kam mein Lebenswille wieder zum Vorschein. Es musste eine Lösung geben. Ich sprach mit meinem Hausarzt und er verschrieb mir Physiotherapie und weitere Schmerzmittel. Ich fand einen kompetenten holländischen Therapeuten, der verständnisvoll war und mir die Zusammenhänge genau erklärte. Er machte den Vorschlag, dass ich mir ein Mini-Trampolin kaufen und täglich vorsichtig schwingend darauf laufen sollte. Er erklärte mir, dass die Bandscheibe den Wechsel zwischen Anspannung und Entspannung brauche und so ernährt werde. Wenn durch die schwingende Bewegung wieder mehr Raum zwischen den Wirbelkörpern entstehe, könne sich der vorgefallene Bandscheibenkern, der auf die Nerven drücke, wieder an seinen Platz zurückziehen und die Nerven wären frei. Dann verschwinde auch der Schmerz. Das klang logisch. Ich folgte seinen Anweisungen und tatsächlich wurde es täglich besser. Schon nach einer Woche konnte ich mich wieder bewegen. Daraufhin zeigte er mir kräftigende Übungen und riet mir, täglich im Wald auf weichem Boden zu laufen und später zu joggen. Aus mir als Bewegungsmuffel, die den Glaubenssatz hatte: „Sport ist Mord" wurde nun eine Frau, die sich täglich bewegte und plötzlich Gefallen an Bewegung fand.

Ich besuchte zusätzlich „Callanetics"-Kurse, die gerade in Mode waren. Eine Gymnastik-Art, bei der eine Übung hundert Mal ausgeführt wird, um eine Muskelgruppe intensiv zu kräftigen. Das straffte meine Muskeln schnell wieder. Nach 6 Wochen hatte ich keinerlei Schmerzen mehr und konnte mich wieder locker bewegen. Ich fühlte mich insgesamt energievoller und lebendiger. Die Gymnastik und auch mein Yoga wurden nun zu meinem täglichen Lebensinhalt.

Einige Wochen später begann meine Yogalehrer-Ausbildung. Durch die Gymnastikkurse, die ich weiterhin besuchte, lernte ich viele Übungen kennen, die ich später in meine eigenen Yogakurse integrierte und im Sinne des Yoga anwandte, wenn Menschen ebenfalls Rückenprobleme hatten.

Meine Seele half mir durch den Bandscheibenvorfall, etwas Wesentliches in mein Leben zu integrieren: tägliche Bewegung und die Freude daran. Aufgrund dieser Erfahrung lernte ich tiefliegende Fähigkeiten von mir kennen, die ich sonst wahrscheinlich nicht wahrgenommen hätte. Heute kann ich sehen, dass der Bandscheibenvorfall der Anlass war, mich mit alternativen Heilmethoden und Yogaübungen zu beschäftigen, die ich später in meinen Ausbildungen weitergab. So wurde aus der scheinbaren Katastrophe ein Segen, denn meine Seele führte mich durch die körperlichen Schmerzen zu meiner Aufgabe. Mein Körper hat mir noch öfter durch Symptome neue Erfahrungen ermöglicht, die für die Entfaltung meiner Seelenfähigkeiten wichtig waren.

Symptombehandlung versus Ursachenforschung

Nach meiner 2. Yoga-Ausbildungswoche erlitt meine Gymnastiklehrerin, die für den Kneipp-Verein die Kurse leitete, einen Beinbruch. Sie fiel für eine ganze Zeit aus und die Leiterin des Kneipp-Vereins rief mich an und fragte, ob ich die Kurse nicht übernehmen könne. Nach anfänglicher Weigerung übernahm ich die Vertretung, was ich bis heute als großes Glück sehe.

Von Anfang an hatte ich den Stundenaufbau verändert und auch Dehnübungen aus dem Yoga integriert. Das kam gut an und die Frauen waren zufrieden und dankbar.

Im Kurs waren auch Frauen, die selbst körperliche Einschränkungen hatten. Viele kamen, genauso wie ich, mit anfänglichen Rücken- und Gelenkschmerzen. Da ich in meiner Yogalehrer-Ausbildung immer gut auf meinen Rücken achtgeben musste, fühlte ich genau, welche Übungen für den Rücken gut waren und welche Yogaübungen mir mehr Schmerzen verursachten. So wandelte ich viele Übungen so um, dass sie für den Rücken eine Wohltat waren.

Ich las Anatomie-Bücher, weil ich die Zusammenhänge kennenlernen wollte. Weiterhin machte ich eine Ausbildung zu Anatomie und Yoga. Sie war sehr aufschlussreich und erstmalig erfuhr ich, dass Symptome eine Botschaft haben. In der klassischen Schulmedizin wird bei einem Symptom eine Diagnose gestellt und dann werden entsprechende Maßnahmen verordnet. Pillen und Spritzen sollen die Symptome lindern. So werden die meisten Schmerzen medizinisch behandelt. Wenn der Körper das Sprachrohr der Seele ist, dann wird der Schmerz damit unterdrückt. Das ist so, als ob man bei einem Auto, bei dem die Öl-Lampe blinkt, die Birne ausbaut. Jedenfalls kam es mir so vor. Damals fielen mir Bücher von Louise Hay, Thorwald Detlefsen und Rüdiger Dahlke in die Hände. Ich las sie voller Begeisterung. Denn hier wurden die Botschaften der Krankheitsbilder aufschlussreich gedeutet. Ich fand darin Erklärungen für meine Schmerzen und was mir meine Seele damit sagen wollte. So hatte ich die Möglichkeit, die hinderlichen Muster herauszufinden und zu verändern. Dieses Gebiet fand ich sehr spannend. Ich forschte weiter und schaute mir auch die Erklärungen zu weiteren Beschwerden an, die meine Teilnehmer so mitbrachten.

Ich kann mich erinnern, dass eine Teilnehmerin mit heftigen Schulterschmerzen in meine Yogakurse kam. Ich erfragte, wie es zu den Schmerzen gekommen sei. Sie erzählte, dass sie tagelang Fenster geputzt habe und nun den Arm nicht mehr heben könne. Ich sprach sie auf

Überforderung an und sie bestätigte mir, dass sie sich überlastet habe. Sie wusste es ganz genau. Ich zeigte ihr entlastende Übungen, die schnell Linderung brachten. Sie war froh, dass sie die Ursache erkennen konnte. Bei der nächsten Fenster-Putz-Aktion legte sie immer mal Pausen ein und ging alles viel entspannter an.

Ich hatte inzwischen einige Jahre als Yogalehrerin meine Gruppen geleitet und bereits eine eigene Heil-Yoga Ausbildung konzipiert, als ich mit meinem Mann einen Wanderurlaub im Bayrischen Wald machte. Wir gingen über Stock und Stein und erklommen Berge und Täler. Nach drei Tagen hatte ich nicht nur heftigen Muskelkater, sondern meine linke Hüfte meldete sich mit großen Schmerzen. Daher legte ich eine Pause ein und ließ meinen Mann allein wandern. Trotz der Pause verschlimmerten sich die Schmerzen am nächsten Tag. Ich konnte kaum noch laufen. Obwohl ich gezielte Übungen machte, um das Hüftgelenk zu entlasten und Schmerzmittel nahm, wurde es lange nicht besser.

Vor meinen Yogagruppen ließ ich mir nichts anmerken, obwohl die Schmerzen nach den Kursen noch schlimmer waren. Horror-Gedanken machten sich in mir breit: „Wenn ich jetzt zum Arzt gehe, dann muss ich mich operieren lassen. Dann kann ich kein Yoga mehr geben und meinen Lebensunterhalt nicht mehr verdienen.“ Gleichzeitig wusste ich, dass ich eine Diagnose brauchte, um Klarheit zu bekommen.

Also nahm ich all meinen Mut zusammen und ging zum Orthopäden. Dieser machte eine Röntgenaufnahme, nahm mir Blut ab und diagnostizierte eine Schleimbeutel-Entzündung am Hüftgelenk. Auf den Röntgenbildern erkannte er zudem eine Fehlstellung im Gelenk, die zu einer „Cox-Arthrose“ geführt hatte. Eine Abnutzungserscheinung im Gelenk, die seiner Meinung nach in einigen Jahren ein neues Hüftgelenk erfordern würde. Er verschrieb mir entzündungshemmende Tabletten. Wenn der Schleimbeutel abgeschwollen wäre, wären auch die

Schmerzen verschwunden. Hauptsache, ich würde mir Ruhe gönnen.

Ich war sehr erleichtert, dass ich im Moment keine Operation brauchte. Natürlich nahm ich die Tabletten. Doch ich schaute mir auch die seelische Bedeutung an. Der Schleimbeutel schwillt an, wenn der Gelenkraum kleiner wird, die Knorpelmasse abgenutzt ist und der Knochen bedroht ist. Indem er die Bewegung verhindert, können die Knochen nicht aufeinander reiben. Wenn der Gelenkspalt zwischen den Knochen wieder größer wird, kann der Schleimbeutel abschwellen. Bewegung ist dann wieder ganz normal möglich. Das als mechanische Erklärung.

Für die seelische Erklärung sah ich mir das Hüftgelenk an. Als Kugel-Gelenk ist es sehr flexibel. Das Bein kann in alle Richtungen bewegt werden. Es ging also um Flexibilität, Leichtigkeit und auch freudvoll vorwärts gehen. Doch wie hatte ich mein Leben in den letzten Monaten gestaltet? Es war tatsächlich alles eher schwer, die Fürsorge für mich fehlte, ich hatte das Gefühl wie in einem Hamsterrad von Pflichten und Arbeit zu stecken. Es fehlten Pausen und sogar im Urlaub passte ich mich den Bedürfnissen und Vorlieben meines Mannes an, obwohl ich viel lieber mal ein Buch gelesen hätte oder einfach nur ausruhen wollte. Ich erkannte nun, dass ich wieder in das alte Muster der Anpassung und Anstrengung gefallen war und meine eigenen Bedürfnisse dabei zu kurz gekommen waren. Außerdem fehlte mir die Lebensfreude.

Aufgrund dieser Botschaft veränderte ich meine Alltagsgewohnheiten. Ich stellte mich an die erste Stelle. Ich reduzierte die Kurstätigkeit und plante meine Seminare so, dass ich maximal einmal im Monat ein Wochenend-Seminar leitete. Ich überlege mir 20 Dinge, die mir Freude machten, und sorgte dafür, dass ich täglich etwas davon tat. Ich gestaltete ein gezieltes Hüft-Übungsprogramm für mich und übte es täglich. Es dauerte nicht lange und meine Schmerzen waren verschwunden und ich fühlte mich wieder vital, gesund und auch freudvoll.

Dabei kam mir die Idee, meine Yogakurse entsprechend zu verändern. Nach den nächsten Ferien bot ich also eine Yogaklasse für Hüft- und Gelenkbeschwerden an. Diese Kurse waren schnell ausgebucht. Die Übungen, die ich für mich nutzte, taten auch meinen Yogateilnehmern gut. Viele berichteten, dass sich ihre Gelenke schon nach kurzer Zeit viel beweglicher, geschmeidiger und durchlässiger anfühlten und ihre Schmerzen verschwunden waren. Sie waren dankbar und begeistert.

Etwa ein Jahr später schrieb ich ein Buch über meine eigene Geschichte. Es wird auch heute noch von vielen Menschen gelesen und hat bereits vielen Erleichterung gebracht, bei ihren Gelenkbeschwerden.[12]

Dein Körper – Palast deiner Seele

Bist du dir bewusst, dass dein materieller Körper Ausdruck deiner Seele ist? Wie behandelst du diesen Körper? Kannst du dir vorstellen, dass dein Körper ein Palast ist, den du bewohnst? Jedes einzelne Zimmer möchte von dir bewohnt werden. Jedes Körperteil möchte deine liebevolle Aufmerksamkeit und Wertschätzung. Dein Körper möchte behandelt werden wie ein kostbarer Palast. Gleichzeitig lebt in diesem Körper deine Seele, die sich durch diesen Körper ausdrückt. Bist du in Verbindung mit dieser Kraft, strahlt das Licht deiner Seele in sämtliche Körperzellen. Du wirst von reiner Lebensenergie durchflutet und bist in Verbindung mit der inneren Führung. Dies spürst du als Harmonie, Gesundheit und Wohlgefühl.

[12] Buch „Hüftarthrose (2014), Vorbeugen und heilen mit Heil-Yoga", Maria Dieste, Via-Nova Verlag

Amaras kleine Hütte

In den Tiefen des dichten Waldes verbarg sich eine kleine, bescheidene Hütte, die von einem Hauch von Geheimnis umgeben war. Die Legenden erzählten von einer weisen Frau namens Amara, die dort lebte und unermessliches Wissen besaß. Ein neugieriger Wanderer, fasziniert von den Geschichten über Amaras Weisheit, begab sich auf die Suche nach ihrer Hütte. Nach vielen Tagen der Wanderung durch die wilden Pfade des Waldes erreichte der Wanderer das verborgene Heim von Amara. Die Hütte war einfach, aber von einer Aura der Ruhe umgeben. Der Wanderer spürte eine unerklärliche Kraft, als er die Schwelle überschritt. In der Hütte fand er Amara, eine ältere Frau von bemerkenswerter Ausstrahlung, die inmitten von Büchern und alten Schriften saß und in tiefe Meditation versunken schien. Der Wanderer war überrascht, dass jemand mit solch einer Präsenz in einer so bescheidenen Hütte lebte.

„Wo ist die weise Amara?", fragte der Wanderer verblüfft.

Die Frau lächelte sanft und erhob sich langsam. „Ich bin Amara", sagte sie mit einer ruhigen Stimme. „Warum bist du so überrascht?"

Der Wanderer fühlte sich von Amaras Anwesenheit ergriffen und fand nur schwer Worte. „Verzeihung, verehrte Amara", begann er zögerlich. „Ich hatte erwartet, jemanden mit solch erhabener Weisheit in einem prächtigen Palast anzutreffen, nicht in einer einfachen Hütte im Wald."

Amara lächelte und winkte ihn näher. „Die äußere Erscheinung täuscht oft", sagte sie gelassen. „Nicht alles, was glänzt, ist Gold."

Verwirrt fragte der Wanderer: „Aber warum lebst du hier, wenn du so viel Weisheit besitzt und von so vielen verehrt wirst?"

Amara trat langsam auf ihn zu und legte eine Hand auf seine Schulter. „Mein Freund", sagte sie sanft, „der äußere Schein ist nur ein Schleier, der die Wahrheit verbirgt. Diese Hütte ist mein Zuhause, aber meine wahre Residenz ist jenseits der materiellen Welt. Komm mit mir auf eine Reise in die Welt der Erkenntnis, und du wirst sehen, dass ich in einem Palast der Weisheit lebe."

Damit sich die Seele bestmöglich durch den Körper ausdrücken kann, ist es wichtig, die körperlichen Bedürfnisse zu kennen und zu erfüllen. So hat der Körper die höchste Energie. Je mehr Energie der Körper aufnehmen kann, desto leichter ist es, die intuitiven Impulse der Seele wahrzunehmen und ihnen zu folgen. Da sich deine Seele vor der Geburt einen Plan gemacht hat, möchte sie sich durch dich ausdrücken und allem voran ihre Seelenaufgabe erfüllen. Diese Informationen sind in deinem Herz-Chakra hinterlegt und lassen dich jeden Morgen voller Motivation aufstehen. Wenn du das für dich herausgefunden hast und täglich lebst, dann fühlst du dich gesund, glücklich und erfüllt.

Die meisten der körperlichen Bedürfnisse werden vom Gehirn gesteuert. Darum müssen wir uns nicht kümmern, wie Atmen, Wasserlassen, Stuhlgang und das Bedürfnis nach Sauberkeit und Hygiene. Ich möchte hier auf die Aspekte eingehen, die meiner Meinung nach auf das körperliche und seelische Wohlbefinden einen großen Einfluss haben und die wir bewusst direkt steuern können.

Die Atmung

Der Atem begleitet uns vom ersten Atemzug an. Mit dem letzten Atemzug hauchen wir das „Leben" aus und sterben. Der Atem ist die Grundlage jeglichen Lebens und damit auch der menschlichen Existenz, denn er ist unsere Haupt-Energiequelle.

Das Atemgeschehen wird über das autonome Nervensystem gesteuert. Der Atem kommt und geht, ohne dass wir uns darum kümmern müssen. Im Alltag können wir dieses automatische Geschehen bis zu einem bestimmten Grad beeinflussen. Wenn wir den Atem beobachten, bündeln wir unsere Aufmerksamkeit. Damit beruhigen sich auch die Gedanken und Gefühle. So wie innere und äußere Umstände den Atem verändern können, so können wir über die kontrollierte Atmung innere Prozesse steuern und transformieren. Das habe ich im Yoga so gelernt und nutze ich für mich auch.

Für mich ist der Atem vor allem die Verbindung zu meiner Seele. Bereits der erste Atemzug hilft dem Kind, in der Verbindung zur göttlichen Quelle zu bleiben. Wenn ich mir Zeit nehme, um mich auf meinen Atem zu konzentrieren, bleibe ich bei mir. Ich werde von den beiden Hauptenergien genährt, die mich erst leben lassen. Über den Atem nehme ich nicht nur Sauerstoff auf und gebe Kohlendioxid wieder ab, sondern empfange auch die Essenz der Lebensenergie, die Licht und Liebe ist. Beide Energieformen halten meinen gesamten Organismus lebendig und gesund. So bin ich über den Atem sowohl mit der Erde, aus der ich bestehe, als auch mit dem göttlichen Licht verbunden. Ich begegne im Atem meiner Seele.

Daher ist es wesentlich, sich auch im Alltag öfter die Zeit zu nehmen, um tief zu atmen und den Atem zur Ruhe kommen zu lassen. Damit lösen wir uns vom äußeren Trubel und kommen wieder bei uns selbst an. Im Yoga wird jede Bewegung dem Atem angepasst. So beruhigen sich die Körpersysteme und jede Zelle wird mit ausreichend Lebensenergie versorgt. Auch unser Chakren-System profitiert von der Konzentration auf den Atem, denn im Atem steckt die Lebensenergie. Für mich war es ein Aha-Erlebnis zu erfahren, wie wichtig der Atem für meine Seele ist. Wenn ich meine Yoga-Übungen vollziehe und mich auf meinen Atem konzentriere, bin ich meiner Seele ganz nah. Von ihr erhalte ich Inspirationen, Antworten und Lösungen.

Deine Nahrung

Wir nehmen Nahrung zu uns, damit der Körper Energie erhält. Du wirst das Bedürfnis nach Essen und Trinken wahrnehmen, indem sich in dir ein Hunger- oder Durstgefühl bemerkbar macht. Über gesunde Ernährung gibt es viele unterschiedliche Ansichten. Darauf möchte ich hier gar nicht näher eingehen.

Meine Frage dazu lautet: Wenn sich meine Seele durch meinen Körper ausdrückt, sollte da nicht auch die Ernährung so individuell sein, wie jeder Mensch einzigartig ist?

Wir werden schon im Mutterleib über die Nabelschnur von unserer Mutter genährt, die ihre eigenen Vorlieben hat. So wird das Kind schon während der Schwangerschaft mit der Nahrung konfrontiert, die die Mutter bevorzugt. Wir wurden alle durch die Speisen geprägt, die zuhause auf den Tisch gekommen sind. Dabei ist uns oft das natürliche Gefühl für das, was uns wirklich nährt und unser Körper braucht, abhandengekommen. Dabei verfügt er über eine natürliche Zellintelligenz und macht uns darauf aufmerksam, was er gern essen möchte. Auch die verschiedenen Ansichten der Ernährungsratgeber über das, was wir essen und worauf wir lieber verzichten sollten, sind dabei nicht sehr hilfreich, denn vieles, was uns Genuss bereitet, wird von ihnen als ungesund bezeichnet.

Was wäre, wenn das nicht der Wahrheit entspricht und es eigentlich darum geht, der Körperintelligenz zu vertrauen und zu erspüren, was der Körper gerade essen und trinken möchte? Was wäre, wenn es nicht darum geht, vegetarisch oder vegan zu leben, auf Fleisch, Alkohol, Zucker, Weißmehl und anderes zu verzichten, sondern auf die eigene Intuition zu hören und auf das, was dem Körper guttut?

Schon als Baby mochte ich Fleisch, Geflügel und Fisch nicht. Meine Mutter erzählte mir, dass ich diese Nahrungsmittel regelmäßig ausgespuckt habe. Doch ich war in meiner Familie die Einzige, die keine tierischen Nahrungsmittel aß. Ich war sehr empfindlich und hatte auch einige Allergien. Mein Körper vertrug vieles nicht, was für alle anderen Familienmitglieder völlig normal war. Mit 9 Jahren war ich schließlich sehr groß und dünn. Ich kränkelte oft, weshalb der Hausarzt empfahl, mich zur Kur zu schicken, da ich an Gewicht zunehmen sollte. Diese Kur war für mich die Hölle, weil ich unter Androhung von Strafen gezwungen wurde, das zu essen, was auf dem Tisch stand. Also auch das, was ich nicht mochte. Ich ekelte mich sehr und entwickelte ein Trauma gegen verschiedene Nahrungsmittel. Doch nach der Kur nahm ich kontinuierlich zu, denn ich kompensierte meine Gefühle mit Essen. Inzwischen war ich regelrecht süchtig nach Süßigkeiten und Chips. So war ich in der Pubertät die Dickste in der Klasse. Ich wurde oft ausgelacht, weil ich zudem auch noch sehr unsportlich war.

Erst als ich schwanger war und meine drei Kinder geboren hatte, normalisierte sich meine Figur wieder, weil ich mich darum bemühte, dass meine Familie „gesunde Nahrung“ zu sich nahm. Ich kochte alles selbst und sorgte dafür, dass sie essen durften, worauf sie Hunger hatten. Interessanterweise lehnten auch meine Kinder von Geburt an tierische Nahrungsmittel ab.

Essen war für mich nie wirklich genussvoll, sondern meistens eine Notwendigkeit, um den Hunger zu stillen. Heute habe ich dazu eine neue innere Einstellung gefunden. Ich lausche auf die Bedürfnisse meines Körpers und frage ihn, worauf er gerade Lust hat. Dadurch konnte sich die Sucht nach Süßigkeiten wandeln. Doch wenn er sich etwas Süßes wünscht, dann gebe ich mir selbst die Erlaubnis, es auch zu essen.

Für mich ist es wichtig, dass es nicht nur um die äußere Nahrung geht, sondern darum, womit wir uns insgesamt nähren. Alles, was an Reizen von außen auf uns einströmt, wird als Informationen von unseren Sinnesorganen und von den inneren Organen aufgenommen. Jede Zelle nimmt diese Reize auf. Sie müssen verarbeitet und verdaut werden.

Frage dich daher regelmäßig: Was lasse ich an Reizen an mich heran? Nähren sie mich? Wenn ich stündlich Nachrichten höre, mich mit Menschen umgebe, die von Krankheiten und Katastrophen sprechen, oder Filme mit viel Gewalt, Action, Katastrophen und Negativität schaue, wird sich das ungut auf meinen Körper auswirken, weil es destruktiv wirkt.

Wie ist mein Tagesablauf und mit welchen Menschen umgebe ich mich? Sind die Begegnungen nährend oder entziehen sie mir Energie? Nährt mich meine Arbeit? Fühle ich mich damit erfüllt und energievoll? Welche Gedanken habe ich tagsüber? Sind sie nährend?

Ausreichend Schlaf

Es ist interessant, wie das Schlafbedürfnis geregelt ist, was im Schlaf passiert und wie wichtig Schlaf für deinen Körper und die Seele ist. Meiner Meinung nach sollten wir viel bewusster damit umgehen, da ausreichend Schlaf für unser Wohlbefinden so wichtig ist. Vor allem unser Gehirn braucht den Schlaf. Es arbeitet tagsüber auf Hochtouren und verarbeitet fortlaufend die aufgenommenen Reize und Sinneseindrücke. Nach etwa 16 Stunden ist seine Aufnahmekapazität erschöpft. Es braucht eine Pause. Die Nervenzellen, aber auch der Körper müssen sich erholen. Im Schlaf werden dann die tagsüber aufgenommenen Eindrücke, Informationen und Erlebnisse sortiert und im Kurz- oder Langzeitgedächtnis abgelegt. Der Körper regeneriert mit seinen Organen und Systemen. Beispielsweise findet der Wundheilungsprozess im Schlafzustand statt, die Heilkräfte des Immunsystems werden in dieser Zeit aktiviert. Gleichzeitig entgiftet der Körper, denn die Stoffwechselendprodukte werden vor allem in der Ruhe ausgeschieden.

Wenn du also zu wenig schläfst, fühlst du dich nicht nur schlapper und unkonzentrierter, sondern du behinderst auch die natürliche Regeneration deines Körpers. Daher fühlst du dich ausgeschlafen vitaler, energievoller und gesünder. Das macht sich in deiner Ausstrahlung bemerkbar. Auf Dauer altert der Körper schneller, wenn du über eine längere Zeit zu wenig Schlaf bekommst. Es werden sich körperliche Probleme oder Stress-Symptome bemerkbar machen, wie Schmerzen, Unkonzentriertheit, Reizbarkeit, Erschöpfung, Gedächtnisschwäche. Deine Leistungsfähigkeit nimmt ab und auch dein Immunsystem wird geschwächt. Du wirst anfälliger für Krankheiten aller Art.

Dein Schlafbedürfnis kann sich im Lauf der Zeit verändern. Babys schlafen fast doppelt so viel wie Erwachsene, weil sich ihr Gehirn noch entwickelt und es länger braucht, um die vielen neuen Eindrücke zu verarbeiten. Als Erwachsener benötigt der Körper zwischen sechs und acht Stunden Schlaf.

Das Optimale ist, wenn du abends zeitig ins Bett gehst und vorher keine aufregenden Impulse aufnimmst, wie Action- oder Abenteuerfilme. Es ist gut, wenn du deinen Tagesablauf so planen kannst, dass du morgens ohne Wecker aufwachst. Dann ist garantiert, dass du ausgeschlafen bist und dein Körper optimal funktioniert.

Im Schlaf wirkt auch die Seele auf den Körper ein. Hier kommst du in Kontakt mit den höheren kosmischen Energien, die deinen Körper aufladen und mit Informationen aus den geistigen Bereichen versorgen. Im Schlaf wirkt dein Überbewusstsein, das mit deiner Seele eng zusammenarbeitet. Deine Träume sind auf der einen Seite Verarbeitungsprozesse von äußeren Reizen, die du tagsüber erfahren hast.

Gleichzeitig bekommst du Informationen aus der geistigen Welt, denn du wirst von geistigen Wesen begleitet, die deiner Seele dienen. So kann es sein, dass du im Schlaf zu deiner Seelenheimat reist und hier unterrichtet und geschult wirst. Oder dir werden innere Fähigkeiten antrainiert, die du für den äußeren Ausdruck brauchst.

Deine Seelenheimat ist der Ort im Universum, von dem du dich als Seele oder Lichtwesen aufgemacht hast, um auf der Erde in einem Körper zu inkarnieren. Hier ist der Ursprungsort deiner Seelenenergie. Dorthin gehst du wieder zurück, wenn du stirbst und wirst dort von den Seelen deiner Ahnen empfangen. Während meiner Nahtod-Erfahrung konnte ich diese unendlich liebevolle Dimension wahrnehmen, aus der ich gekommen bin. In tiefer Meditation kann ich mich bewusst mit meiner Seelenheimat verbinden und dort auftanken.

Nachts reise ich oft in die geistigen Dimensionen. Oder ich befinde mich in einer universellen Schule, in der mir Weisheiten offenbart werden, die ich woanders nicht lernen kann. Wo noch brach liegende Fähigkeiten aktiviert werden, die meinem Seelenplan entsprechen. Tagsüber erlebe ich dann Situationen, in denen dieses Wissen gebraucht wird.

Nach meiner Yogalehrer-Ausbildung konnte ich relativ schnell völlig intuitiv unterrichten. Ich spürte, was meine Yogateilnehmer brauchten. Oft konnte ich Fragen beantworten, ohne dass ich vorher das fachliche Wissen dazu gelernt hatte. Meine Fähigkeit, den Körper von innen anatomisch zu sehen, habe ich nicht gelernt. Dieses Wissen wurde in mir aktiviert, nachdem ich einer Weiterbildung anatomische Bilder zu sehen bekam. Es war wie ein Wiedererkennen.

Ich erinnerte mich an viele Träume, in denen ich darin geschult worden war. Ich konnte damals zunächst nichts damit anfangen, wenn ich morgens wach wurde und mich an anatomische Abbildungen und körperliche Zusammenhänge erinnerte. Einige Zeit später begegneten mir dann Situationen, in denen ich das Wissen brauchte und anwenden konnte.

Wenn die Teilnehmer die von mir angeleiteten Yogaübungen ausführten, konnte ich sehen, wie die Muskeln zusammenarbeiteten und wo der Körper bei einer Fehlhaltung ausweichen wollte. Ich brauchte die Teilnehmer nur kurz an bestimmten Stellen zu berühren und sofort ordnete sich der Körper neu. Daraufhin gelang ihnen eine bisher schwierige Übung viel müheloser. Es war magisch zu erleben, wie sich so teilweise chronische Muskelverhärtungen in Leichtigkeit auflösten und eine tiefe Entspannung eintrat. Das faszinierte meine Teilnehmer sehr und mich natürlich auch.

Entspannung

Alles in uns ist auf einen Wechsel zwischen Anspannung und Entspannung ausgelegt. Wir sind tagsüber aktiv, nachts schlafen wir. Auch der Atem zeigt uns dieses Geschehen, denn es gibt immer einen Wechsel zwischen Ein- und Ausatmen. Daher sollte es selbstverständlich sein, im Alltag entsprechende Pausen einzubauen, damit sich unser System erholen kann. Oft nehmen wir uns die wichtigen Erholungspausen nicht, weil wir es gewohnt sind zu funktionieren, und so die leisen Impulse des Körpers überhören.

Für mich wird die gezielte Pause, um mich auf mein Inneres zu besinnen, immer wichtiger. Weg von der Leistungsgesellschaft, in der wir wie Marionetten funktionieren, hin zu einem Leben aus den Impulsen der Seele, die uns führt. Das geht nur, wenn wir uns kurze Auszeiten und Oasen der Stille im Alltag nicht nur erlauben, sondern sie als Gewohnheit installieren. Das wird für die ganzheitliche Gesundheit in Zukunft immer wichtiger werden, denn ohne den regelmäßigen Zugang zur Seele kann sich der Mensch nicht optimal entfalten. Gesundheit ist die Folge des Gleichgewichts zwischen körperlichen, emotionalen und seelischen Bedürfnissen, die alle erfüllt sind.

Bewegung

Unser Körper besteht aus Äonen von Atomen, die alle in Schwingung sind. Sie schwingen in ihrem ureigenen Rhythmus. Alles ist Energie, die schwingt. Der Körper folgt der Schwingung und dem Rhythmus. Egal ob Knochen, Muskeln, Blutgefäße, Organe, Drüsen – alles braucht Bewegung, damit es harmonisch miteinander funktionieren kann.

Gehen wir vom Muskelsystem aus, sind Muskeln wie Arbeitstiere. Sie haben einfach das Bedürfnis, sich zu bewegen. Wenn sie über einen längeren Zeitraum nicht bewegt werden, verkümmern sie. Wenn sich jemand beispielsweise ein Bein gebrochen hat und dies über mehrere Wochen in Gips gelegt wird, dann ist das Laufen zunächst mühsam, weil die Muskeln erst wieder gekräftigt werden müssen.

Von den Muskeln hängt die Fließgeschwindigkeit des Blutes ab. Werden Muskeln nicht gebraucht, dann fließt das Blut träge durch die Gefäße und die Versorgung mit Nährstoffen und Sauerstoff ist behindert. Auch Organe bestehen größtenteils aus Muskeln und transportieren wichtige Stoffe, die für das Überleben des ganzen Organismus notwendig sind.

Das Herz ist der wichtigste Muskel, das gleichzeitig aus vielen Nervenzellen besteht. Für mich ist das Herz das wichtigste Organ im menschlichen Körper. Man kann es als die Mitte betrachten, von dem alle Körper- und Organfunktionen abhängen. Es strahlt in alle Bereiche des Körpers. Es ist überall im Körper über den Puls spürbar und bildet eine Einheit mit dem Blutkreislauf. Hier zeigt sich sehr deutlich, das Prinzip von Bewegung und Entspannung. Es besteht aus spezifischem Muskelgewebe und funktioniert autonom. Wir können es nur bedingt beeinflussen. Durch die Verbindung zum vegetativen Nervensystem hängt es eng mit der Gefühlswelt des Menschen zusammen. Gefühle beeinflussen die Funktion des Herzens. Weiterhin funktioniert das Herz rhythmisch, das wiederum vom Atem abhängt. Denn das Herz ist eng mit der Lunge verknüpft, die über den Atem Sauerstoff ins Herz transportiert. Das Herz pumpt über das Blut den Sauerstoff in jeden Körperbereich und jede Zelle.

Das Herz schlägt in jeder Sekunde des Lebens. Es ist also fortwährend in Bewegung, auch wenn wir schlafen. In der Herzfunktion selbst finden wir wieder den Wechsel zwischen Aktivität und Ruhe. So ist das Herz von der Bewegung des Körpers und der Muskeln abhängig. Wenn wir uns zu wenig bewegen, hat es das Herz schwerer, das Blut zu transportieren. Dann stagniert die Versorgung aller anderen Systeme und das gesunde Funktionieren des Körpers wird erschwert.

Bewegung beeinflusst sämtliche Funktionen des Körpers. Sie bringt das Herz-Kreislaufsystem in Schwung, sodass das Blut besser fließen kann und die Organe und Muskeln besser mit Sauerstoff und Nährstoffen versorgt sind. Bewegung stärkt das Immunsystem und erhöht die Anzahl und Aktivität der Abwehrzellen, die Viren und körperfremde Stoffe bekämpfen. Die Muskeltätigkeit fördert den Verdauungsablauf und hilft, Fett zu verbrennen, weshalb unsere Muskeln bestimmen, wie viel wir essen können, ohne zuzunehmen, und wie viel Energie wir verbrauchen. Im Muskel sind Zellkraftwerke vorhanden, die Mitochondrien. Diese produzieren und verbrennen Energie. Durch Bewegung wird die Anzahl der Zellkraftwerke erhöht, sodass mehr Energie verbrannt werden kann.

Bewegung ist für das Muskel- und Knochensystem wichtig, weil kräftige Muskeln die Knochen stützen. Auch die Bandscheiben sind von einem Wechsel zwischen Bewegung und Ruhe abhängig. Regelmäßige Bewegung erhält die Knochendichte, wodurch die Knochen im Alter nicht brüchig werden und Osteoporose verhindert wird. Weiterhin baut Bewegung Stresshormone ab, so dass sich das Nervensystem entspannt. Das hat zur Folge, dass du besser schläfst, dich leichter konzentrieren kannst und auch deine Gefühle mehr in Balance sind.

Fazit: Bewegung fördert das innere und äußere Gleichgewicht.

Körperliche und spirituelle Aufrichtung entlang der Wirbelsäule

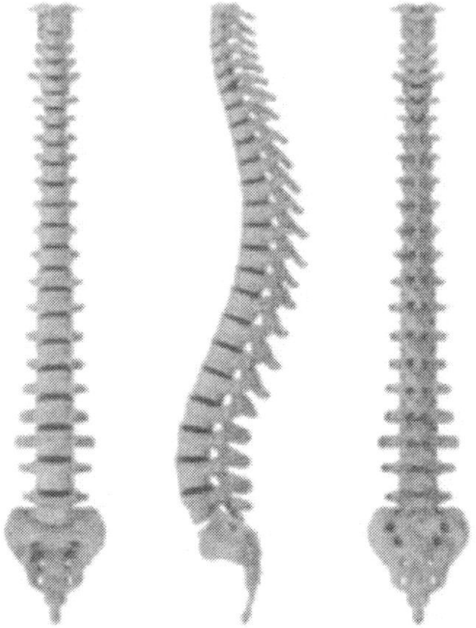

Das Herz ist die Mitte des Menschen und die Wirbelsäule ist die Basis des Stütz- und Bewegungsapparats. Ohne sie könnten wir uns nicht aufrichten und auch nicht auf zwei Beinen bewegen.

Mich hat es sehr fasziniert, die Funktion der Wirbelsäule auf allen Ebenen zu erforschen. Ohne meinen Bandscheibenvorfall wäre ich wahrscheinlich nie dazu gekommen. Ich habe mich mit der Wirbelsäule sowohl anatomisch als auch symbolisch und energetisch beschäftigt. Darauf aufbauend habe ich im Heil-Yoga entsprechende Körperprogramme zu unterschiedlichen Beschwerdebildern entwickelt.

Im Zusammenhang zur spirituellen Entwicklung des Menschen hat die Wirbelsäule eine große Bedeutung. Stell sie dir als das Gerüst oder das Fundament des Körpers vor. Sie ist wie das Rückgrat unseres Lebens – eine Art tragende Säule, die nicht nur unsere Aufrichtung ermöglicht, sondern auch unsere Geschichte und unser

Wachstum unterstützt. Sie ist das zentrale Konstrukt, das uns Halt gibt und uns in vielerlei Hinsicht formt. Jeder Wirbel, jede Bandscheibe – sind wie Kapitel, die Symbole einer tiefen Geschichte tragen.

Die harten Wirbelkörper stehen symbolisch für Stabilität und männliche Energie, während die weichen Bandscheiben die Anpassungsfähigkeit und weibliche Kraft verkörpern. Ihre geschwungene Form spiegelt die Dualität wider: Das Kreuzbein bildet zusammen mit dem Steißbein eine schützende Hülle für die Beckenorgane und repräsentiert somit die weibliche Energie. In ähnlicher Weise gibt die Brustwirbelsäule mit ihrer liebevollen Umhüllung der Organe von Herz und Lunge den weiblichen Pol wieder. Im Gegensatz dazu strahlt die Lendenwirbelsäule Kraft und Stärke aus und verkörpert somit den männlichen Pol.

Und dann ist da die Evolution unserer aufrechten Haltung: Der aufrechte Gang, eine Meisterleistung, die nicht von Anfang an gegeben ist. Wir erleben eine verkürzte Version der Evolution – angefangen als winziger Einzeller, durch das Leben im Fruchtwasser ähnlich dem Meer, bis hin zum aufrechten Gang. Doch mit dieser aufrechten Haltung kommen nicht nur körperliche Herausforderungen. Wir tragen sinnbildlich Lasten auf unseren Schultern und unserer Wirbelsäule – eine Bürde, die unsere Vorfahren aus grauer Vorzeit vielleicht ähnlich empfanden.

Auch die Bandscheiben sprechen auf ihre Art eine Geschichte. Diese kleinen Helfer sind stark, aber auch sie haben ihre Grenzen. Wenn sie überlastet sind, können sie versagen und es kann zu einem Bandscheibenvorfall kommen. Der Körper zwingt uns dann zur Ruhe, um uns zu helfen, unsere seelischen Lasten zu erkennen und zu bewältigen. Somit steht die Wirbelsäule bildhaft für Stärke, Anpassungsfähigkeit und sogar die unsichtbaren Lasten, die wir im Laufe unseres Lebens tragen.

Die Wirbelsäule hat aus energetischer Sicht wichtige Funktion. Das war für mich eine Schlüsselerkenntnis, als ich mich mit den Chakren beschäftigte. Für mich rundete sich damit das Gesamtbild ab.

Die Wirbelsäule fungiert als zentraler Knotenpunkt für die Energie im Körper. Denken wir an den Rückenmarksfluss durch die Wirbel: Dieser Kanal ist nicht nur der Pfad für Nerven, die mit Muskeln und Organen kommunizieren, sondern auch der Ausgangspunkt für die Energiebahnen der Chakren. Die Verbindung zwischen den Chakren und der Wirbelsäule über den Sushumna-Kanal[13] beeinflusst nicht nur körperliche Prozesse, sondern auch Emotionen und Gedanken. Die Kundalini-Energie[14], eine ätherische Kraft, ruht am unteren Ende der Wirbelsäule und steigt durch diesen Kanal auf, um jedes Chakra zu durchlaufen. Es ist ein symbolischer Prozess des spirituellen Wachstums, der es dem Menschen ermöglicht, seine göttliche Natur zu erkennen.

---

[13] Siehe: „Die Kundalini-Energie erwecken: Von der göttlichen Urkraft in uns", Sukadev Volker Bretz

[14] Siehe ebd.

Links und rechts der Wirbelsäule verlaufen zwei Energiebahnen, Ida und Pingala, die vom Kreuzbein ausgehen. Ida, repräsentierend für Mondenergie, fließt von unten nach oben, während Pingala, die Sonnenenergie, von oben nach unten verläuft. Diese polarisierenden Energiebahnen versorgen die Wirbelsäule energetisch und symbolisieren die innere Dualität. Auf diese Weise ist die Wirbelsäule sowohl für die körperliche Gesundheit als auch für den spirituellen Weg von Bedeutung. Sie ermöglicht es dem Menschen nicht nur, aufrecht durchs Leben zu gehen und Erfahrungen zu sammeln, sondern auch, seine energetischen Fähigkeiten zu entfalten und sich seiner eigenen Schöpferkraft bewusst zu werden.

Für mich persönlich war das Verständnis der Wirbelsäule auf allen Ebenen ein Schlüssel zum spirituellen Wachstum. Es zeigte mir die enge Verbindung zwischen Körper und Seele, und wie der Zustand meiner Wirbelsäule meine energetische Ausstrahlung beeinflusst. Mein Bandscheibenvorfall löste einen tiefen Erkenntnisprozess aus, leitete mein spirituelles Erwachen ein und half mir meine unbewussten Fähigkeiten zu entfalten. Es ist erstaunlich, wie der Körper als Sprachrohr der Seele fungiert und mich dazu befähigt, Energie durch mich hindurchfließen zu lassen, was mein Wohlbefinden und meine Verbindung zur Seele stärkt.

Für mich stellte sich die Frage, wie ich meine Wirbelsäule bestmöglich unterstützen kann. Ich fand ein Prinzip heraus, das mir sehr geholfen hatte, meine damaligen Rückenschmerzen zu lindern. Wenn du die Wirbelsäule von der Seite betrachtest, sieht sie wie eine Welle aus. Es scheint, als würde sie sich so fließend bewegen wie ein Baby im Mutterleib oder im Fruchtwasser. Bei einem frisch geborenen Baby ist die Wirbelsäule noch ziemlich weich und flexibel. Damit es später aufrecht stehen kann, müssen die Muskeln erstarken und der Wirbelsäule Halt geben.

Die Welle ist ein Schlüssel zur Wirbelsäule. Wenn sie wie eine Welle genutzt wird, fühlt sie sich richtig an. Bei jedem Schritt entsteht eine Art Wellenbewegung von unten nach oben in der Wirbelsäule. Wenn diese Bewegung blockiert ist, sei es durch falsche Gewohnheiten oder Bewegungsmangel, wird die Wirbelsäule starr. Auch die Bandscheiben mögen diese sanfte Bewegung, denn sie funktionieren ähnlich wie ein Schwamm. Sie saugen Nährstoffe in Ruhephasen auf und geben sie während der Bewegung an das umliegende Gewebe ab. Sogar die Knochen profitieren davon. Interessanterweise tragen Bandscheiben und Wirbelkörper 90 % des Körpergewichts. Stell dir das mal vor: Die Bandscheiben tragen mehr als die harten Knochenstrukturen. Das ist eine fast unbekannte Tatsache.

Da es so viele Bandscheibenerkrankungen gibt, werden die Bandscheiben als die Schwachstelle des Körpers angesehen. Aber tatsächlich liegt das Problem oft im falschen Bewegungsverhalten.

Die Schwerkraft zieht uns nach unten und ohne starke Muskeln neigen wir dazu, uns nach vorne zu beugen. Das belastet nicht nur unsere Wirbelsäule, sondern auch unsere Muskeln, die dadurch schnell verspannen.

Es gibt jedoch eine Kraft, die gegen die Schwerkraft arbeitet. Das ist die aufsteigende Energie in unserer Wirbelsäule. Sie läuft von unten nach oben und unterstützt uns beim Aufrichten. Man könnte es als „Gegengewicht" zur Schwerkraft bezeichnen. Wenn wir uns dieser Kraft bewusstwerden, entlasten wir nicht nur unseren Körper, sondern auch unsere Wirbelsäule. Der Grund vieler Rückenprobleme liegt also eher an falschen Haltungs- und Bewegungsgewohnheiten als an den Bandscheiben selbst.

Hier sind einige Tipps, die ich aus meiner eigenen Erfahrung mit der Wirbelsäule gewonnen habe: Die Lösung für eine gesunde Wirbelsäule liegt in einem guten Ausgleich zwischen Bewegung und Entlastung. Das

Bewegungsverhalten der Wirbelsäule sollte der Wellenbewegung angepasst und abwechslungsreich sein und sich bewusst gegen die Schwerkraft richten. Stell dir vor, du wirst von einem unsichtbaren Faden nach oben gezogen, während gleichzeitig deine Füße Kontakt zur Erde haben. Das hilft dabei, Energien von oben nach unten und umgekehrt fließen zu lassen. Ich nenne es das „Dehn-Spannungs-Prinzip", weil die Wirbelsäule gedehnt wird und die Muskeln sich anspannen, um bei der Aufrichtung zu helfen. Es ist wichtig, sich dieser beiden Kräfte bewusst zu werden, um die Wirbelsäule zu strecken. So bekommen die Bandscheiben mehr Platz, um Nährstoffe aufzunehmen. Während der Bewegung werden die Bandscheiben zusammengedrückt und geben ihre Nahrung an Knochen und Gewebe ab.

Dort, wo sich die Bewegungsrichtungen ändern, neigen Muskeln oft zu Verspannungen. Um die Wirbelsäule mühelos aufzurichten, sollten die verspannten Muskeln in bestimmten Bereichen gelockert werden:

Die Muskeln in den Kniekehlen sind oft verkürzt und verhindern das Aufrichten des Beckens und der Lendenwirbelsäule. Auch die Muskeln im Bereich der Leistenbeuger zwischen Becken und Beinen sind oft verkürzt aufgrund von Bewegungsmangel und zu viel Sitzen. Der Übergang zwischen Lenden- und Brustwirbelsäule ist häufig die Ursache für Rückenprobleme. Die Muskeln dort sind oft schwach und verspannt, was fehlenden Halt verursacht. Eine ungünstige Kopfhaltung führt zu verkürzten Muskeln im Kehl- und Nackenbereich. Wenn all diese Körperbereiche gedehnt und gestärkt werden, kann sich die Wirbelsäule mühelos aufrichten und gegen die Schwerkraft bewegen. Schau dir hier das Video „Die Wirbelsäule als Welle" an:[15]

---

[15] https://mariadieste.com/der-ruf-deiner-seele-buchunterlagen/

Übung für die Kombination de Lebensbereiche und Bedürfnisse

Wir haben uns intensiv mit den seelischen, emotionalen und körperlichen Bedürfnissen beschäftigt und du hast reichlich Informationen erhalten, wie du sie erforschen und auch erfüllen kannst. Wesentlich ist, dass du die einzelnen Lebensbereiche einbeziehst und deine Bedürfnisse klärst. Nur so ist es möglich, dich in allen Bereichen glücklich, freudvoll und zufrieden zu fühlen. Das wiederum zeigt dir, dass du dem Weg deiner Seele folgst. Denn deine Seele möchte, dass du glücklich und erfüllt bist. Damit findest du wertvolle Anhaltspunkte, wie du dich im Alltag persönlich entfalten und der Seele die Führung überlassen kannst.

In der folgenden Tabelle findest du die Lebensbereiche und Bedürfnisse, denen du deine Aufmerksamkeit schenken solltest. Du findest sie ebenfalls auf meiner Webseite unter dem QR-Code.

Bearbeite zuerst die einzelnen Lebensbereiche (grüne Felder) und setze sie mit den Bedürfnissen (gelbe Felder vertikal) in Zusammenhang. Bewerte alles auf einer Skala von 1 bis 10 (1 = wenig erfüllt, 10 = optimal erfüllt)

Bedürfniserforschung in den Lebensbereichen

Lebens-bereiche	Stabilität Sicherheit	Stimulanz	Dominanz Selbstbe-stimmung	Nähe Verbindung	Wachstum Ausdehnung	Selbstver-wirklichung Unterstützen Dienen	Sinnfindung Erfüllung
Körper							
Verstand							
Arbeit / Beruf							
Finanzen							
Beziehung/ Partner-schaft							
Kreativität/ Freizeit							
Spiritualität							

Beispiel Lebensbereich Körper:

Stell dir folgende Fragen:

- Sicherheit: Wie sicher fühlt sich mein Körper oder wie sicher fühle ich mich mit meiner Gesundheit?
- Stimulanz: Wie sehr wird mein Körper stimuliert?
- Selbstbestimmung: Wie sehr kann ich über meinen Körper selbst bestimmen? (Beispiel: Wenn du

8 Stunden arbeitest und dein Körper zwischendurch das Bedürfnis nach Bewegung/Stimulanz hat, wie selbstbestimmt kannst du dem nachgehen?)

- Nähe/Verbindung: Wie oft am Tag fühlst du die Verbindung zwischen Körper und Seele?
- Wachstum: Wie sehr lässt du Wachstum in deinem Körper zu? Wie vielfältig probierst du dich in den verschiedenen Körperbereichen aus?
- Selbstverwirklichung: Wie sehr kann sich deine Seele durch deinen Körper verwirklichen?
- Erfüllung: Wie erfüllt fühlst du dich mit und in deinem Körper?

Überprüfe auf dieser Art und Weise auch deine Bedürfnisse in den anderen Lebensbereichen. Wenn du überall deine Zahlen vergeben hast, dann rechne die Spalten sowohl quer als auch horizontal aus. Der niedrigste Bereich in der vertikalen Spalte und in der horizontalen Spalte geben dir Aufschluss darüber, welchem Bedürfnis du in welchem Lebensbereich mehr Aufmerksamkeit schenken solltest.

7) Deine Intuition und Hellsinne

„Intuition ist ein göttliches Geschenk, der denkende Verstand ein treuer Diener. Es ist paradox, dass wir heutzutage begonnen haben, den Diener zu verehren und das Geschenk vergessen haben."

(Albert Einstein)

Über den Begriff „Intuition"[16] gibt es unterschiedliche Definitionen. Viele nennen sie auch „Bauchgefühl". Das ist jedoch viel zu einseitig, denn die Intuition wird von jedem anders wahrgenommen. Es kommt darauf an, welche äußeren Sinne dominant sind. Hierbei ist wieder zu unterscheiden, mit welchen Sinnen die Menschen Informationen aufnehmen und interpretieren.

Es gibt Typen, die brauchen Bilder und Filme, um etwas zu verstehen. Diese Menschen werden auch die göttlichen Eingebungen über Bilder aufnehmen. Sie sind eher visuell veranlagt. Dann gibt es Personen, die über das Hören von Audios lernen und Informationen verarbeiten. Sie sind auditiv und nehmen die seelischen Eingebungen über Stimmen wahr. Weiterhin können Eingebungen auch über das tatsächliche Fühlen und „Be-Greifen" erfahren werden. Diese Menschen sind kinästhetisch veranlagt und bekommen bei Eingebungen Gänsehaut oder einen Schauer oder erleben ein Kitzeln im Körper. Es ist also nicht nur ein Bauchgefühl, das mir

[16] Christina Alex (2023), Intuition – Verstand deines Herzens: Klarheit. Fühlen. Leben, Alvin-Verlag

intuitive Informationen gibt. So funktioniert meine Intuition überwiegend über Bilder und Stimmen und ich fühle die Bestätigung im Herzen, wenn es ganz warm wird und zu vibrieren beginnt. Dann ist meine Seele gerade sehr nah und leitet mich an.

Viele Kunden kommen zu mir, weil sie gern ihre Intuition mehr entfalten möchten. Dabei haben sie oft Erwartungen, wie Intuition zu funktionieren habe, weil sie es von anderen gelesen haben, wie es bei ihnen wirkt. Oft sind sie schon sehr intuitiv veranlagt, erkennen es aber nicht. So ging es mir damals auch. Ich buchte die Ausbildung bei meinem spirituellen Lehrer Frank Alper, weil ich lernen wollte, Informationen aus der geistigen Welt intuitiv zu erhalten. Es war eine sogenannte „Channel-Ausbildung". Das faszinierte mich sehr. Frank gab uns dazu viele Übungen und machte uns mit geistigen Wesen, wie Engeln und Meistern, bekannt. Wir sollten beispielsweise Botschaften von Jesus, Maria oder Erzengel Michael abrufen und aufschreiben.

Ich erhielt zwar Auskünfte, doch ich traute dem nicht, weil ich dachte, dass es meine Gedanken seien, die ich aufschrieb. Ich sah auch Bilder und hörte Stimmen, doch meiner Meinung nach war das meiner blühenden Fantasie geschuldet.

Frank ließ uns die Angaben, die wir erhielten in der Gruppe vorlesen. Auch ich wurde oft aufgerufen und las meine Berichte vor. Ich war jedoch nie zufrieden mit dem, was ich erhalten hatte, und fragte ihn danach. Es war sehr aufschlussreich für mich, was er mir sagte. Ja, es war mein Verstand, der die Bilder und Stimmen in Gedanken verwandelt, damit ich sie aufschreiben oder stimmlich übermitteln konnte. Er machte mir klar, dass ich meine Seele verletzte und sie sich zurückziehen würde, wenn ich ihren Angaben nicht traute.

Dann erklärte er uns, wie Intuition bei ihm funktionierte. Er sah nur schwarz, bekam also keine Bilder. Doch er erhielt Gedankenimpulse, bei denen er die innere Gewissheit hatte, dass sie wahr waren.

Auch in dieser Form kommuniziert die Seele. Ein tiefes inneres Wissen darüber zu haben, auch wenn ich es nicht begründen kann. Seitdem ich das erfahren habe, bewerte ich die Mitteilungen nicht mehr und kann ganz klar erkennen, was meine Seele mir übermittelt oder was vom Verstand kommt.

Eine weitere Aussage von meinem Lehrer Frank Alper hat mir ebenfalls geholfen, die Botschaften zu unterscheiden: „Intuitive Aussagen sind immer liebevoll und geben mir immer die Wahl. Hinweise, die eher kritisch oder befehlend sind, kommen meistens aus meinem Verstand. Hier wirkt oft der innere Kritiker oder das Ego."

Frage dich in kritischen Situationen, wem folge ich gerade? Der Liebe oder der Angst, Sorge und dem Zweifel? Damit wird schnell klar, ob du gerade intuitiv eine Information erhalten hast oder ob sie eher vom Verstand gekommen ist. Intuition ist uns Menschen in die Wiege gelegt. Sie ist eine natürliche Fähigkeit, doch es gibt drei Dinge, die verhindern, dass du dich zu hundert Prozent auf deine Intuition verlassen kannst:

1. Deine Gefühle sind auf einem Tiefstand.
2. Du kennst das „Körpersignal" nicht, dass dir zeigt, dass deine innere Stimme gerade zu dir spricht.
3. Du bist im Stress, völlig verkopft, nach außen orientiert und überhörst deine Seele.

Doch du kannst deine Intuition trainieren, indem du deine Gefühle bewusst wahrnimmst und gut für dich sorgst. Das gilt besonders, wenn du in Situationen bist, in der deine Gefühle in einer niedrigen Schwingung sind, wie Angst, Sorgen, Kummer, Traurigkeit, Wut etc. Frage dich, welches Bedürfnis du jetzt gerade hast und was du brauchst, damit du dich besser fühlst. Du solltest zeitnah schauen, dass du mehr Freude, Leichtigkeit und Glück fühlst. Dann kannst du deine Intuition besser wahrnehmen.

Übung für ein gutes Körpergefühl

Beobachte oder erinnere dich an Situationen, in denen deine Intuition gut funktioniert hast.

- Wo hast du es im Körper gefühlt?
- Im Bauch oder im Herzen?
- Als Gänsehaut, Grummeln im Bauch oder Kribbeln?

So weißt du beim nächsten Mal besser, wie sich deine innere Stimme bemerkbar machen will.

Übung mit deinem Atem

In stressigen Situationen ist es sehr hilfreich, tief zu atmen. Fühle den Atem im Herz, öffne deinen Kanal nach oben zum Licht und nach unten zu Mutter Erde. Atme einige Atemzüge tief von unten nach oben und von oben nach unten. Halte inne, stelle dir die Frage, für die du eine Antwort brauchst, und lausche auf den ersten Impuls. Dem solltest du unbedingt folgen! Denn nach ca. 5 Sekunden schaltet sich dein Verstand wieder ein.

8) Persönliche Entfaltung im Alltag

Du kennst jetzt alle fünf wichtigen Ebenen, in denen sich deine Seele entfalten und wieder an ihre Göttlichkeit erinnern möchte. Vielleicht fragst du dich: Wie kann ich das im Alltag leben und mich mehr und mehr von meiner Seele führen lassen? Womit fange ich an?

1. Fang mit der Seele an.

Du weißt jetzt, dass du Seele bist, die sich durch deinen Körper ausdrückt. Mach dir das immer wieder bewusst. Halte inne, spüre in dein Herz und fühle die Energie, die durch deinen Körper fließt. Sprich mit deiner Seele. Behandle sie wie eine gute Freundin, die immer bei dir ist und die du um Rat und Hilfe fragen kannst. Sie ist verbunden mit dem göttlichen Feld, in dem du alle Lösungen für deine Herausforderungen abrufen kannst. Sie weiß mehr als dein Verstand und hat den Überblick. Nutze das, wann immer du nicht weiterweißt. Vertraue ihr all deine Sorgen, Nöte und Zweifel an, in der Gewissheit, dass es für alles eine Lösung gibt und du hier bist, um vielfältige Erfahrungen zu machen. Deine Seele bewertet nicht. Für sie ist alles, was du erlebst, nur eine Erfahrung. Nutze das, was du erfährst und erlebst, als Möglichkeit zu wachsen.

Keine Situation ist gut oder schlecht, sondern einfach eine Erfahrung. Daher vermeide jegliche Bewertung, die das, was du erlebst, in Schubladen einordnen will. Hinterfrage alles. So kommst du den Überzeugungen und Sichtweisen auf die Spur, die verhindern wollen, dass du neue Erfahrungen machst. Wenn du etwas erlebst, was du als Katastrophe oder schmerzhaft empfindest und das dir Angst macht, dann stell dir die Frage: Wozu dient es mir? Was soll ich dadurch lernen? Wenn du das für eine Weile praktizierst, wirst du erkennen, wie du gelernt hast zu funktionieren.

2. Du bist Energie

Achte im Alltag darauf, was dir Energie gibt und wo oder mit was du Energie verlierst. Dazu kannst du dir täglich einen Lebensbereich herausnehmen und dich beobachten. Wieviel Energie spürst du in deinem Körper? Wie hoch ist die Energie in deinem Beruf, auf einer Skala von 1 bis 10? Überprüfe auch die anderen Lebensbereiche, wie Partnerschaft, Familie, Freundschaften, Freizeit, Finanzen und Spiritualität. Das wird dir sehr viel Aufschluss darüber geben, wo du viel Energie hast bzw. wo du viel Energie verlierst. Beobachte dich in der Aktion mit deinem Umfeld.

- Wie agierst du im Zusammensein mit anderen Menschen?
- Kannst du bei dir bleiben und dich authentisch ausdrücken?
- Oder nimmst du dich zurück und schaust darauf, was du tun musst und wie du sein musst, um dazuzugehören?[17]

[17] Video-Training: „Wie du deine Energie zurückholst", https://mariadieste.com/der-ruf-deiner-seele-buchunterlagen/

3. Emotionale Intelligenz

Du spürst, ob du deinen Seelenweg gehst, indem du gut auf deine Gefühle achtest. Deine Gefühle zeigen dir, inwiefern du deine Seele durch dich wirken lässt. Sorge im Alltag für kleine Pausen, in denen du dich fragst: Wie fühle ich mich gerade? Wo fühle ich das Gefühl im Körper?

Vermeide es, die Gefühle zu bewerten oder zu analysieren. Fühle einfach nur, was sich da jetzt gerade zeigen will. Auch wenn sich Gefühle zeigen, die du lieber verdrängen würdest, bleib einen Moment in diesem Gefühl. Denk dran: Gefühle sind wie kleine Kinder, die Aufmerksamkeit, Wertschätzung und Liebe möchten. Indem du diese Gefühle da sein lässt, hilfst du deinem ganzen System. So sammelt sich kein emotionaler Müll an, den du später trotzdem fühlen musst. Gefühle sollen da sein dürfen!

4. Mentale Ausrichtung

Du weißt jetzt, dass in dir drei Kräfte wirken. Wichtig ist, dass du dein Alltags-Bewusstsein schärfst für das, was sich um dich herum zeigt. Wenn es dir gefällt, musst du nichts tun. Erlebst du aber Situationen, die dir nicht behagen, kannst du dich fragen: Was muss ich gedacht haben, dass ich diese Situation jetzt erlebe? Wozu dient mir diese Situation? Was lerne ich daraus?

Achte auf deine Gedanken und Überzeugungen. Ist das wirklich wahr? Von wem stammt die Überzeugung oder der Gedanke?

Das sind nur einige hilfreiche Fragen, mit denen du deinen unterbewussten Prägungen und Konditionierungen schneller auf die Spur kommst und mit denen du sie in deinem Sinne verändern kannst, damit sich dein Leben immer mehr in Richtung Erfüllung bewegt.

5. Körperbewusstsein

Dein Körper ist Sprachrohr deiner Seele. Beschenke ihn täglich mit dem, was er braucht, um möglichst viel Lebensenergie zu haben. Du kennst die wichtigsten Bedürfnisse deines Körpers. Er liebt Bewegung, frische Luft, energievolles Essen und Trinken sowie ausreichend Schlaf. Wenn du all das in deinen Alltag einbauen kannst und dir angewöhnst, deinen Körper regelmäßig zu fragen, was er jetzt gerade möchte – dann sorgst du dafür, dass er dich nicht mit Symptomen oder Erkrankungen zwingen muss, ihm mehr Aufmerksamkeit zu schenken.

Auch dein Atem ist Schlüssel, um deine Seele im Körper wahrzunehmen. Er bringt dich schnell in den Augenblick zurück, wenn du dich nur einen Moment auf ihn konzentrierst. Außerdem bringt er dir sofort mehr Lebensenergie, die dein Körper nutzen kann.

Viele Menschen machten sich auf den Weg zu Amara, der weisen Frau, die für ihre tiefe Verbindung zu Gott bekannt war. Die Menschen aus der Umgebung kamen oft zu ihr, um Rat zu suchen und von ihrer Weisheit zu lernen.

Eines sonnigen Tages versammelte sich eine Gruppe von Suchenden vor Amaras Hütte. Sie sehnten sich danach, das Göttliche in sich selbst und in der Welt zu erkennen, und suchten nach einem Weg, um diese tiefere Wahrheit zu erfahren. Amara lächelte sanft und lud die Suchenden ein, mit ihr durch die Natur zu wandern. Sie führte sie durch grüne Wälder, entlang glitzernder Bäche und zu einem einsamen Berggipfel, von dem aus man das ganze Tal überblicken konnte. Währenddessen hielt Amara immer wieder inne und lehrte die Suchenden, aufmerksam zu sein und alles mit offenem Herzen zu betrachten. Sie wies auf den sanften Wind hin, der durch die Bäume strich, und lehrte sie, das Göttliche in seiner leichten Berührung zu spüren. Sie zeigte auf die strahlende Sonne am Himmel und lehrte sie, das warme Glühen als Ausdruck der göttlichen Liebe zu erkennen. Sie führte sie zu einem klaren Bach, dessen Wasser fröhlich plätscherte, und lehrte sie, die Reinheit und Lebenskraft des Göttlichen im Wasser zu erkennen.

Schließlich führte Amara die Suchenden zu einem weiten Feld, wo sie sich auf den weichen Boden legten und den Himmel über sich betrachteten. „Schaut in den Himmel", sagte sie, „und spürt die unendliche Weite des Universums. Darin liegt die unermessliche Präsenz des Göttlichen."

In der Stille und Schönheit der Natur öffneten sich die Herzen der Suchenden. Sie erkannten, dass das Göttliche nicht nur in den majestätischen Elementen der Natur, sondern auch tief in ihren eigenen Herzen ruhte. Sie fühlten tiefe Verbundenheit mit allem Leben und eine unerschütterliche Gewissheit, dass sie Teil eines größeren Ganzen waren.

Als die Sonne langsam hinter dem Horizont versank und der Himmel sich in ein warmes Orange färbte, kehrten die Suchenden mit einem neuen Verständnis und tiefer Dankbarkeit in ihren Herzen zurück. Sie wussten, dass sie auf ihrer Reise das Göttliche nicht nur in der Natur, sondern auch in sich selbst gefunden hatten, und dass sie diese Erkenntnis für immer begleiten würde.

Viele Menschen tragen in sich einen tiefen Schmerz oder eine Sehnsucht. Sie wissen nicht wirklich, wonach sie sich sehnen. Es fehlt ihnen die tiefe, bedingungslose Freude und Liebe. Sie fühlen sich sinnlos und leer. Wenn sie dann einen Partner gefunden haben, hören Schmerz und Sehnsucht kurzfristig auf. Doch sie kommen schnell wieder, wenn die Verliebtheit vorbei ist und der Alltag in der Beziehung einkehrt. Sie versuchen, ihr Bedürfnis nach Liebe, Lob und Anerkennung vom Partner oder auch vom Umfeld zu erhalten. Viele stürzen sich in die Arbeit und lenken sich damit vom Schmerz ab.

Es ist nicht zu vermeiden, dass diese Sehnsucht irgendwann größer wird. Aus meiner Erfahrung heraus ist es die tiefe Sehnsucht nach Einheit, Verbundenheit oder nach der göttlichen Quelle. Wir sind als Seele hier auf die Erde gekommen und erleben mit unserer Geburt die Trennung von der Einheit. Daher wird die Sehnsucht nach Einheit und Verbundenheit in uns als Mensch immer stärker. Hier klopft die Seele an deine Tür. Die Seele will sich hier in allen Aspekten erfahren. Dafür kommt sie mit einem Seelenplan und einer bestimmten Aufgabe. Denn als Seele drückt sich das Göttliche durch dich aus. Dein Körper ist das Gefäß oder Wohnhaus deiner Seele.

Als Mensch fühlst du dich getrennt, doch als Seele bist du immer verbunden mit der göttlichen Quelle, aus der du gekommen bist. Kannst du für dich annehmen, dass Gott sich durch dich erfährt? Bist du dir bewusst, dass du göttlich bist und damit Schöpferkraft erhalten hast?

Jahrhundertelang hat die Kirche versucht, das Göttliche nach außen zu verlagern. Ich kann mich noch gut erinnern, wie ich als Kind zusammen mit meiner Oma fast täglich zur Kirche gehen musst. Der Pfarrer stand auf einer Kanzel und predigte, dass Gott uns für unsere Sünden strafen werde und wir unsere Sünden beichten und bereuen müssten. Ich verstand es damals zwar nicht, doch ich wusste, dass es eine Lüge war.

Durch meine Nahtod-Erfahrung und später durch die Yoga-Philosophie und die Auseinandersetzung mit geistigen Gesetzen wurde mir klar, dass das Göttliche in mir und in allem lebt und sich durch mich ausdrücken will. Gott braucht uns Menschen, damit er sich durch uns erfahren kann. Das hat mir so viel Trost gespendet und mich auch demütig gemacht. Das Kleindenken und meine Gefühle von Wertlosigkeit oder Ungenügen haben damit aufgehört. Was mache ich mit meiner göttlichen Seele, wenn ich mich nicht gut genug oder wertlos fühle? Ich verletze sie. Als Seele bin ich vollkommen so, wie ich bin. Gott irrt sich nicht, wenn er mich so erschaffen hat, wie ich bin.

Seit dieser Erkenntnis war mein Bestreben, jeden Tag mein Bestes zu geben und in einer tiefen Dankbarkeit für mein Leben zu sein. Egal, was ich erlebe – ich weiß, dass es einen tieferen Sinn hat, den ich vielleicht am Anfang noch nicht erkenne. Da ich weiß, dass meine Seele wachsen und Erfahrungen machen will, kann ich auch die vermeintlich negativen oder schlimmen Situationen annehmen. Jede Krise dient mir und bringt mich in meinem Wachstum weiter, weil ich weiß, dass Gott sich durch mich ausdrückt. Daraus ergibt sich das tiefe Vertrauen in mein Leben, dass ich immer und überall behütet, beschützt und auch getragen bin.

Irgendwo habe ich mal gelesen: Du bekommst nicht mehr, als du bewältigen kannst, und du bist immer getragen in Gottes Hand. Das ist meine tiefste Überzeugung und ich wünsche dir, dass du das für dich auch so erfährst und glauben kannst. Ich fühle mich tief erfüllt, wenn ich weiß, dass ich meiner Seele erlaube, sich durch mich auszudrücken. Damit kann ich keine Fehler machen, denn jeder Tag bringt mir tausend Möglichkeiten, meine Fähigkeiten zu entfalten und damit einen Beitrag zum Wohl des großen Ganzen zu leisten. Ich fühle mich geführt, geliebt und tief erfüllt.

Ist das immer so?

Nein, nicht immer.

Es gibt auch in meinem Leben viele Situationen, die ich zunächst nicht annehmen kann. Wo ich auch ärgerlich und im Widerstand bin. Ich habe jedoch gelernt, damit umzugehen. Die dunklen Gefühle lösen sich schnell wieder auf, wenn ich mich mit meiner Seele und der göttlichen Quelle verbinde. Es ist auch für mich eine tägliche

Übung, mich daran zu erinnern. Daher braucht es kein Dogma oder Perfektionismus. Auch das bedeutet für mich Leben. Denn wenn ich schon perfekt darin wäre, brauchte ich hier auf der Erde nicht mehr zu leben. Daher liebe ich es und bin unendlich dankbar dafür, dass ich als Seele in diesem Körper leben darf.

9) Die Quintessenz

In diesem Buch hast du dich auf eine Reise begeben, dich als Seele zu erfahren und dich wieder mit der göttlichen Quelle zu verbinden. Du hast alle 5 wichtigen Ebenen des Menschseins kennengelernt, in denen sich deine Seele erfährt und ausdrückt. Ziel ist es, dass sich dein Leben durch tägliche Übungen wandelt und du mehr Sinnhaftigkeit, Freude und Erfüllung erlebst, weil du erkannt hast, dass deine Seele viel größer ist, als dir vorher bewusst war. Deine Seele möchte die Führung übernehmen und dafür ist die Bereitschaft wichtig, deinen Verstand an die zweite Stelle zu stellen und deiner Seele vollkommen zu vertrauen.

Wir haben uns angeschaut, was der Unterschied zwischen deinem Verstand und deiner Intuition ist und wie du sie täglich aktivieren kannst. Dazu braucht es nicht unbedingt die tägliche Meditation, sondern du kannst dich zu jeder Zeit mit deiner Seele verbinden. Auch dazu hast du viele Übungsempfehlungen erhalten. Du kennst jetzt die Bedürfnisse deiner Seele und weißt, wie du sie leicht erfüllen kannst.

Deine Seele ist mit einem Plan auf die Erde gekommen, was sie durch dich erfahren und bewirken will. Dieser Plan offenbart sich dir, wenn du dir deiner einzigartigen Fähigkeiten bewusst bist und sie so einsetzt, dass sie ein Beitrag für die Welt oder andere Menschen sind. Deine Seele ist deine Lebensenergie. Diese nimmst du über die Energiezentren der Chakren auf. Jedes Chakra hat seine Bedeutung, sowohl für deinen Körper als auch für deine spirituelle Entwicklung. Die Chakren wiederum sind eng mit deinen Bedürfnissen gekoppelt.

Du hast im Buch erfahren, warum es so wichtig ist, deine eigene Energie hochzuhalten, und wie du deine Energie bewusst beeinflussen kannst, sodass du täglich energievoll, gesund und gut gelaunt bist. Dazu brauchst du das Wissen um die emotionale Intelligenz. Denn deine Gefühle sind Energie in Bewegung und damit auch der Wegweiser, ob du deiner Seele folgst oder deinem Ego. Werden deine emotionalen Bedürfnisse nicht erfüllt, melden sich deine Gefühle zu Wort und zeigen dir, was du gerade brauchst. Seine Gefühle im Augenblick wahrzunehmen ist hierzu ein wichtiger Schlüssel.

Deine mentale Ausrichtung gestaltet deine Realität. Bisher hindern dich deine Prägungen daran, dass du dein Leben selbstbestimmt gestalten kannst. Du hast viele Gedankenmuster, Sichtweisen und Überzeugungen von anderen gelernt und übernommen. Wenn du sie erkennst und dich bewusst entscheidest, was du denken und glauben willst, wandelt sich dein Leben. Dann kannst du deine von Gott gegebene Schöpferkraft bewusst leben und dir das erschaffen, was du für deine Erfüllung brauchst. Du lebst damit authentisch und frei und bestimmst, wer du bist und was du tun und haben willst. Du erschaffst dir deine eigene Identität.

Jetzt fehlt nur noch das Gefäß, durch das sich deine Seele ausdrückt. Dein Körper ist Sprachrohr deiner Seele und verfügt über seine eigene Körperweisheit. Wenn seine Bedürfnisse erfüllt sind, fühlst du dich gesund, vital und voller Lebenslust und Freude. Der Schlüssel für einen gesunden Körper ist die Wirbelsäule. In ihr fließen alle 5 Ebenen des Menschseins zusammen. Hier schließt sich der Kreis, denn sie ist Basis für deine körperliche Aufrichtung und spirituelle Entfaltung.

Deine Bedürfnisse mit den verschiedenen Lebensbereichen zu verknüpfen ist ein weiterer Schritt für deine innere und äußere Zufriedenheit. Auch hierfür gibt es viele Alltags-Übungen. Damit erlangst du mehr Bewusstsein, in welchen Lebensbereichen noch Luft nach oben ist und was die nächsten Schritte sein könnten, dich rundum glücklich und zufrieden zu fühlen. Nutze deine Intuition für dein Seelenleben. Integriere das in deinen Alltag.

Dafür habe ich dir zum Schluss einige knackige Tipps hinterlassen, wie du dich in täglichen Situationen seelisch entfalten kannst und immer mehr von innen nach außen lebst. Denn Gott erfährt sich durch dich. Dafür braucht die Seele deinen Körper.

Deine seelische Entfaltung ist ein Weg, der dich dein ganzes Leben lang begleiten wird. Denn selbst wenn du denkst, du hast deinen Seelenplan komplett erfüllt, wird sich deine Seele etwas Neues einfallen lassen, damit du weiterwächst. Diese Erfahrung mache ich immer wieder. Daher wird ein Leben aus der Seele immer ein Abenteuer bleiben und ich wünsche mir für dich, dass du dich auf diese wundervolle Reise einlässt. Stell dir einmal vor, jeder Mensch würde in seine Seele erwachen und seine göttlichen Schätze entfalten. Wie würde unsere Welt dann aussehen?

Mit dieser Frage beende ich dieses Buch und wünsche dir ein erfülltes, freudvolles und reiches Leben.

Herzlichst

Maria Rashiany Dieste

Lade dir gern gratis das vertiefende Material herunter. Du findest dort auch ein Workbook, in dem alle im Buch genannten Übungen zusammengefasst sind. Auf dieser Seite kannst du dir alle weiterführenden Unterlagen abholen: https://mariadieste.com/der-ruf-deiner-seele-buchunterlagen/

Solltest du Interesse an der Ausarbeitung deines Seelenplans haben, findest du hier weitere Informationen: https://mariadieste.com/lerne-deinen-seelenplan-kennen/

Hier findest du mich:

- Meine Webseite: www.mariadieste.com
- LinkedIn: https://www.linkedin.com/in/maria-dieste-alohemala/
- Instagram: https://www.instagram.com/mariarashiany/
- Facebook: https://www.facebook.com/maria.dieste.73/
- YouTube: https://www.youtube.com/channel/UCAvDh-k-FYrZBJw9r21zQww

Über die Autorin

Maria Rashiany Dieste ist eine leidenschaftliche Wegbereiterin für ein Leben voller Sinnhaftigkeit, Freude und Erfüllung. Mit einem reichen Erfahrungsschatz von 28 Jahren als Unternehmerin, Mutter von drei erwachsenen Söhnen und stolze Großmutter von drei Enkelkindern, hat sie die Höhen und Tiefen des Lebens hautnah erfahren.

Ein Wendepunkt in ihrem Leben war eine Nahtod-Erfahrung im Alter von 25 Jahren, das sie für kurze Zeit in die Grenzbereiche des Lebens führte. Dieses außergewöhnliche Ereignis brachte sie dazu, die unendliche Größe ihrer Seele zu erkennen, die sich durch ihren Körper ausdrückt, und nach ihrer tiefen Lebensaufgabe zu suchen.

Inspiriert von diesem Erlebnis begab sie sich auf eine Reise der Selbsterkenntnis mit vielen Ausbildungen. Heute ist sie Seelenplan-Mentorin, Ausbilderin in Heil-Yoga, Autorin und Certified Female Speaker.

Ihr persönlicher Seelenplan wurde zu ihrer Berufung, anderen dabei zu helfen, ihr Leben aus der Weisheit ihrer Seele zu führen und ihr wahres Potenzial zu entfalten.

Marias Vision ist es, eine Welt zu erschaffen, in der Menschen in vollkommener Harmonie mit ihrem göttlichen Selbst leben, ihre einzigartigen Fähigkeiten entfalten und ihre wahre Größe erreichen. Ihr Buch dient als Katalysator für diese Transformation, indem es die Leser dazu ermutigt, sich auf den Seelenweg zu begeben, ihre Selbstreflexion zu vertiefen und den Ruf ihrer Seele zu folgen.

Durch klare Anleitungen und inspirierende Geschichten führt Maria die Leser auf eine Reise der Selbstentdeckung und Transformation. Sie ermutigt dazu, mehr Zeit mit ihrer Seele zu verbringen, den eigenen Horizont zu erweitern und Veränderungen im Alltag herbeizuführen. Mit ihrer mitreißenden Begeisterung für neue Wege und Möglichkeiten und ihrer praktischen Herangehensweise hilft sie den Lesern, mehr Mut und Zuversicht zu finden und eine tiefere Erfüllung im Leben zu erfahren.

Ihr morgendliches Erwachen ist geprägt von Freude, Elan und der tiefen Überzeugung, dass jeder Mensch die Macht hat, sein Leben aus der Weisheit seiner Seele zu gestalten. Ihre Werte, Vision und Mission bilden das Fundament ihrer Arbeit, während sie unermüdlich danach strebt, das Leben von Menschen durch die Kraft der Seele zu bereichern und die Welt zu einem liebevolleren und heileren Ort zu machen.

Seit 2020 lebt sie auf Lanzarote und hat sich damit ihren Lebenstraum erfüllt.

Printed in Poland
by Amazon Fulfillment
Poland Sp. z o.o., Wrocław
05 July 2024

b520e3f0-bc80-4f64-82da-3925457b2ec6R01